Rocanrol

© Lucas García, 1988
© Ediciones Puntocero, 2018
© Alfa Digital, 2018

Ediciones Puntocero
Apartado postal 50304. Caracas 1050, Venezuela
e-mail: contacto@edicionespuntocero.com
www.edicionespuntocero.com

Alfa Digital
C. Centre, 5. Gavà 08850. Barcelona, España
e-mail: contacto@alfadigital.es
www.alfadigital.es

ISBN: 978-84-17014-29-2

Coordinación editorial
Virginia Riquelme
Diseño de colección
Ulises Milla Lacurcia
Diagramación
Rocío Jaimes
Corrección
Sol Miguez Bellan
Fotografía de portada
© Efrén Hernández
Retrato del autor
© Manuel Reverón

Printed by CreateSpace, An Amazon Company

Rocanrol
Lucas García

.CERO **PUNTOCERO** FICCIÓN

Hace mucho tiempo atrás,
en una galaxia muy lejana...

NUNCA HE ESCRITO PRÓLOGOS para mis libros. Me
preocupa desviar la experiencia particular del lector de cualquier cosa que no sea estrictamente la historia y los personajes. Para mí, los prólogos son como una alcabala antes de la
playa, el control de aduanas previo a entrar al país.

Por otra parte, mi estándar de prólogo escrito por el
propio autor son los que escribía Borges para sus libros, en
los que parecía disculparse de antemano por ser un tipo
tan genial. Así, la perspectiva de redactar uno me produce
un calambre en el ego, una especie de sesión de *electroshock*
autoinducida de humildad.

Pero este caso es diferente. Me doy cuenta de ello
cuando abro el PDF para la corrección y empiezo a sacar
números. Entonces recuerdo que escribí este libro entre
1996 y 1998.

Sí, *Rocanrol* tiene 20 años.

¿Cómo no dedicarle unas palabras?

Rocanrol empezó con dos escenas: el recuento del
famoso Dj Bruno Manrique de la primera revolcada con
su novia millonaria mientras el padre de la chica se acaricia
el mentón con una pistola en la biblioteca, y el cuadre, en
la cabina de la radio y en medio de una entrevista en vivo a
una personalidad religiosa, de una compra de mafafa.

Sentí una atracción inmediata por aquella existencia esquizofrénica en la que los planos de lo público y lo privado hacían fricción entre sí hasta las chispas. Y a partir de ese punto, debido tanto a Seinfield como a García Márquez, sentí también la necesidad de continuar acompañando al protagonista, y a la fauna que lo rodeaba, de conocer su historia, y ver en qué otros *shenanigans* podía llegar a meterse.

Ciertamente no es una aproximación dickensiana a la literatura, lo admito, pero ¿qué se puede esperar? Cuando empecé a escribirla tenía veinte y pocos, me gustaba el cine, la televisión, los cómics, la novela negra y acababa de descubrir las drogas y el sexo en medio de la última década del milenio. Para lo bueno y para lo malo, todas esas cosas están allí plasmadas.

Rocanrol es un relato *noir* juvenil, en clave humorística y ritmo acelerado, sobre varios de los temas característicos entorno a los que giró la década en la que fue escrita: la cultura pop como *remix* y reciclaje de la cultura pop / las nuevas e insospechadas mutaciones que empezaba a sufrir el culto a la celebridad y la fama / la creencia de que lo peor estaba detrás de nosotros y que nos esperaba una existencia de gran bonche, de fiesta global e interminable, a la que todos estábamos invitados o en la que en todo caso podíamos colarnos / la expectación de cuenta regresiva hacia el nuevo siglo y las posibilidades increíbles y aterradoras de lo que podían ser los próximos mil años / la asunción generacional de que todo (de verdad verdad todo) estaba permitido y, peor aún, podía funcionar.

Rocanrol utiliza el ensemble característico de aquellos años: diversos personajes, cruzándose y entrecruzándose a lo largo de los tres actos, descubriendo en cada situación las misteriosas conexiones que los relacionan entre sí. Un recurso que Tarantino explotó con maestría en *Pulp Fiction* pero al que nosotros (permiso para ruborizarme), los hijos del país de las telenovelas, habíamos estado expuestos prácticamente desde nuestra concepción. De igual forma, está narrada por una primera persona consciente de su papel en la narrativa, que no duda en dirigirse a la cuarta pared de vez en cuando. De nuevo, esto se derivaba de otro filme *big bang* de la narrativa de los noventa: *Goodfellas*. El monólogo de Bruno remeda al de Henry Hill, el personaje que interpretaba Ray Liotta. Luego de rematar a balazos a un mafioso secuestrado en la maleta de un auto junto con De Niro y Pesci, Henry da inicio a la historia afirmando: «Desde que tengo uso de razón, siempre quise ser un gánster».

En la actual realidad mutante en la que Donald Trump es presidente de los Estados Unidos, la sombra de las torres devastadas aún se extiende sobre nosotros, y Venezuela es Morodor versión Televisa tras un Telón de Yuca, las aventuras de Bruno Manrique son un ejercicio particular de melancolía (Bukowsky *dixit*: «Juventud, hija de puta, ¿a dónde te has ido?») y una forma de patología forense de lo nacional en la que pueden entreverse ciertas cosas que en aquel momento fueron exageración y *slapstick* y que hoy forman parte dolorosa de nuestra cotidianidad.

El constante develamiento de Bruno de las realidades ocultas tras los parapetos de la fachada pública (los negocios turbios del senador Tortoza, la vida privada de cierta plutocracia autóctona, las relaciones subterráneas entre el poder y el crimen) es el pan nuestro de cada día en una sociedad que todos los días pierde su inocencia a martillazos. Y la tensión ante una inminente catástrofe (el terremoto que durante la tercera parte del relato amenaza con hundir a toda una isla, el fin de milenio en el que los ordenadores de todo el mundo se apagarán de golpe para devolvernos a la edad de piedra) es ahora el contexto inmediato, nuestra normalidad patria de naufragio *in progress*.

Pero, ey… no nos pongamos tan serios.

Nunca tuve por objetivo (y Dios me libre de lograrlo) de develar los misterios del alma nacional. Pero mi aspiración durante toda la escritura de *Rocanrol* fue la de proveer una experiencia de lectura entretenida en todas sus páginas. Creo que lo logré. Si algo me enorgullece, ahora que la releo 20 años después, es la apuesta (inocente, desde cierta inconciencia naif) que mi yo de aquel entonces hizo por el humor, sin importarle lo oscuro o dolorosamente revelador que pudiera ser. Y no por soberbia o cinismo, sino como necesidad vital para poder superar los momentos en que había que enfrentar certezas anquilosadas, lugares comunes y algunas e innecesarias solemnidades patrias.

Suficiente por hoy. Ahora solo queda ver qué puede parecerle a aquellos que no la han leído y a aquellos que van a leerla otra vez. A estas alturas me siento un poco vendedor de carros usados hablando acerca de mi propia novela. No soy la mejor persona para hablar de estas cosas: era otro cuando la escribí en aquel país que ya no existe.

Hace mucho tiempo atrás, en una galaxia muy lejana…
Los 90.

Lucas García
2018

P.D.: No todas las referencias e inspiraciones de *Rocanrol* fueron fílmicas o literarias. La música de aquella época y los *samples* y *remixes* de músicas anteriores, así como los grupos y estilos de los que se hizo *revival* en aquel momento, formaron parte fundamental de su concepción y pueden ayudar a articular de forma más completa el lugar y los tiempos en que se desenvuelve la historia. Así que, esperando que el personal perdone este pequeño momento de soberbia, me gustaría proponer un posible *soundtrack*, una

lista de grupos y temas a los que acudir para enriquecer la
experiencia lectora:

- The Chemical Brothers.
- Dee-Lite.
- *Canción Animal* y *Dynamo* de Soda Stereo.
- Charly García («Funky» y «La sal no sala»).
- *Zipless* de Vanessa Daou.
- «Mama Said» y «Are You Gonna Go My Way»
  de Lenny Kravitz.
- «Sexy M.F.» de Prince.
- INXS («New Sensation», «Suicide Blonde» y
  «Please (You Got That...)».
- *The New Sound of Venezuelan Gozadera*
  de Los Amigos Invisibles.
- Hector Lavoe y Willie Colón (juntos).
- Joe Cuba.
- «No pare, sigue, sigue» de Los Ilegales.
- *Ill Communication* y *Paul's Boutique*
  de The Bestie Boys.
- Dermis Tatú.
- *Tidal* de Fiona Apple.
- Portishead.

El orden queda al gusto del consumidor.
Denle *play*.

A Gabriel.

1

LA PRIMERA VEZ QUE ME ACOSTÉ con Tita olvidé que vivíamos en la época del sexo seguro y dejé los preservativos en mi morral, que estaba en el piso de abajo. Con todo el dolor de mi alma tuve que sacar mi índice de la entrepierna de Tita (en donde, según ella, estaba haciendo un magnífico trabajo) e irme a buscar los benditos profilácticos. De otra forma los únicos que iban a pasar una velada encantadora iban a ser Tita y el dedo. Bajé lo más rápido que pude y subí de igual forma y, como estaba tan excitado, equivoqué el camino y fui a dar a la biblioteca de su padre. Era un cuarto lo suficientemente grande como para que cupiese en él un trasatlántico de proporciones medias y lo suficientemente oscuro como para no ver en él un trasatlántico de proporciones medias. Por ello, tardé unos segundos en percatarme de que el padre de mi amada se encontraba allí y se apuntaba una pistola a la base del mentón, justo en el hoyuelo característico de la familia. Aún en la oscuridad pude ver sus ojos, contemplándome con infinita melancolía, y observar el movimiento casi dulce de su dedo índice, una y otra vez sobre el gatillo del arma. Estuvimos así un rato, viéndonos el uno al otro. Él, con aquella pistola apuntándole a la cara, y yo, agarrando mis preservativos, hasta que murmuró como entre sueños:

—Chico, vuelve a tirar con mi hija y no te preocupes por esto. Estoy pensando.

No se me ocurrió réplica alguna y, en todo caso, no tenía mucho sentido discutir con un tipo armado, aunque se estuviera apuntando al mentón. Volví sobre mis pasos, encontré el cuarto de Tita y me puse los preservativos súper lubricados con sabor a frutas tropicales, según recuerdo. Hicimos el amor y durante el acto estuve esperando el *coitus interruptus* en forma de estampida de la pistola del papi de Tita, cuando dejara de pensar y decidiera volarse la tapa de los sesos. Gracias a Dios, eso jamás llegó a suceder. La única cosa memorable de aquella noche fue que Tita se vino tres veces y me preguntó si quería casarme con ella.

2

EL FIN DEL MILENIO no parece traer sino desgracias. Enciendo el televisor y solo pasan programas de opinión sobre abortos e incestos. No paran de entrevistar a travestidos que se quitan los sostenes frente a las cámaras y se exprimen los senos falsos de silicona con grandilocuente orgullo. Las noticias solo relatan las fugas de banqueros corruptos, ministros ladrones y queridas exitosas. Todas las propagandas (las de jabón, las de pañales, las de cauchos, las de carros, las de automercados, las de insecticidas) muestran rubias tetonas. A veces, la rubia tetona ni siquiera es mujer. Mi generación lo ve todo con indiferencia. No nos importan los miles de kilómetros de selva amazónica que día a día se transforman en palillos de dientes y muebles de *rattan*, no nos importa el hueco en la capa de ozono, la lluvia ácida, el incremento de la tasa de mortalidad infantil, la mala música rock, los malditos cigarrillos mentolados bajos en nicotina que de todas formas dan cáncer, el SIDA, el Ébola, la guerrilla colombiana, la hiperinflación. No nos importa nada. Nacemos cansados por lo mucho que corrieron nuestros padres y nos caemos antes de recibir el primer puñetazo. O hacemos cursos de técnico universitario o nos vendemos al sistema. Yo soy de los últimos. Aquella mañana lo estaba demostrando a cabalidad en la oficina de la estación de radio.

La señora Rodríguez, de la Liga Cristiana Antidrogas, estaba convenciéndome de prestar mis servicios para una nueva campaña en contra de la marihuana. Hablaba con un tono de voz excesivo en octavas y parecía no haber tenido un orgasmo en su vida. Afirmaba que Dios me había señalado para llevar su palabra a través de las ondas hertzianas. Simultáneamente yo llevaba una conversación telefónica con Víctor Hojilla, mi *dealer*, empeñado en venderme un kilo de mafafa cuando yo lo que quería era un cuarto.

–Viejo –dijo Víctor–, ¿quién coño crees que soy?, ¿un visitador médico? Un kilo o nada. Yo siempre muevo un kilo. No le vendo bolsitas de maní con monte a las niñitas del Merici ni a los muchachitos del Santiago. No trabajo con *teenagers*, no trabajo con krisnas. ¿Captas?

–¿Y qué quieres que haga con un kilo? –murmuré, sonriendo beatífico a la señora Rodríguez– ¿Que monte una «Sucursal Hojilla»? ¡Lo voy a fumar, no voy a construir maquetas realistas de Jamaica!

–Viejo, no entiendes. Ya lo tengo todo separado y empaquetado. No puedo estar sacando un cuarto del paquete. ¿Qué voy a hacer con el resto?

–Debe haber una cola de gente en la puerta de tu casa con miles de ideas sobre lo que puedes hacer con el resto.

–Bueno, mierda, déjame llamar a otro tipo para ver si acepta compartir la bolsa contigo. No te prometo nada.

–Nunca lo has hecho –dije, y colgamos al mismo tiempo. La señora Rodríguez se aclaró la garganta y pareció sonreír.

–¿Su agente de la bolsa? –preguntó–. Leí en una entrevista que tenía uno.

–Más o menos –dije–. Nunca nos ponemos de acuerdo.

–Espero que nosotros sí –dijo la señora Rodríguez–. Dios, a través de la Liga Cristiana Antidrogas, lo ha escogido a usted. Nos parece que representa un maravilloso ejemplo para los jóvenes. Su programa, aunque tiene algunos segmentos que no apoyamos particularmente, transmite mensajes positivos para la juventud. Como aquel especial que hizo sobre la lectura.

—¿Especial? —recordé vagamente.

—Usted preguntó quién había sido el escritor de *El Otoño del Patriarca*. ¡Me sentí muy orgullosa cuando todos esos muchachos llamaron dando la respuesta!

Llamaron muchos, pero ninguno dio una respuesta remotamente cercana. Cuatro dijeron que era Rómulo Gallegos porque era el único escritor que les habían mandado a leer en secundaria. Cinco que era la tipa que había escrito *Flores en el Ático*. Otros tres llamaron para preguntar qué diablos significaba patriarca. Al final terminó llamando un profesor de bachillerato: llevaba quince minutos escuchando el programa y al parecer al día siguiente tenía clases. Luego de haber oído las respuestas decidió que era mejor pegarse un tiro en la rodilla que intentar inculcarle algo a esta generación.

—También me gustó aquel mensaje que dio sobre los daños que producía el alcohol —recordó la señora Rodríguez.

Fue un sábado y solo llamaron sujetos con resaca. Una muchacha llamó desde un teléfono público avisando que la fiesta en casa de un tal «Cabulla» había terminado, pero que podían continuarla en casa de un tal «Catatumba». Eso sí, sin olvidar comprar más anís y preservativos. Otra tipa de voz masculina me llamó entre comerciales diciendo que cada vez que bebía rusos negros le daba por soñar conmigo y mojar las pantaletas.

—Por eso pienso que debería aceptar nuestra propuesta y llevar la palabra de nuestro señor Jesucristo y su padre Dios Todopoderoso —concluyó la señora Rodríguez.

¿Cómo decirle que no a Dios y a su hijo? En ese momento sonó el teléfono.

—Te salvaste, papi —dijo Víctor—. ¿Recuerdas a Richie?

—¿El costarricense?

–El mismo. Dice que si quieres está dispuesto a comprar un kilo *fifti fifti* contigo.

–Víctor, ya te dije que solo quiero un cuarto.

–Si quieres un cuarto quieres dos.

–Ok, ok, coño. ¿A nombre de quién hago el cheque?

–¿Cheque? ¡Ay, mierda, Bruno! ¿No quieres que usemos la Mastercard y te dé un puto váucher? Págame en *cash*, nene, *cash*.

–Siempre he pagado en cheques y no ha habido ningún problema, ¿qué pasa ahora?

–La policía se pasó ayer por acá. Por suerte, no tenía nada, pero si hubiesen encontrado tus cheques otro gallo cantaría. Hoy estarías apareciendo en el cuerpo equivocado del periódico.

–¿Se pasaron ayer por tu oficina y me estás hablando por teléfono? Mira que eres idiota, Víctor. ¿No se te ha ocurrido que estás vigilado?

–Estoy usando un jodido celular. Es complicadísimo intervenir una cosa de estas. Además, es de un primo.

–Dios te oiga, pero sigo pagándote con un cheque.

–Ni mi novia es tan maniática.

–Tu novia no te hace cheques de más de cinco dígitos, ¿no? ¿A nombre de quién lo hago entonces?

–Déjame ver. Te llamo en cinco minutos.

Volvimos a colgar. La señora Rodríguez repitió la mueca. ¿Era una sonrisa?

–Ustedes, la gente de la farándula, sí que viven atareados –opinó.

–El costo de la fama –sonreí–. ¿En dónde estábamos?

–Le estaba diciendo que la Liga Cristiana Antidrogas considera que usted es la persona ideal para llevar a cabo la campaña, hijo. Tiene penetración en los jóvenes y es un magnífico...

–Ejemplo –completé–. No quiero sonar rudo señora Rodríguez pero, supongo, este trabajo será gratis, ¿no?

La señora Rodríguez estiró sus comisuras en una expresión que rezumaba sabiduría. Moisés debía tener la misma cara al bajar del Sinaí.

–¿Tiene precio la salvación de su alma, joven? –preguntó.

No, pensé, pero cobro doscientos cincuenta mil por cada minuto de grabación. No se lo dije, primero, porque soy muy educadito y, segundo, porque sonó nuevamente el teléfono. Me disculpé con la señora Rodríguez y atendí.

–Bruno –dijo Víctor al otro lado de la línea–, hazlo a nombre de Eddy. Y por favor, no lo endoses.

–Perfecto. ¿Paso esta noche por tu casa para buscar el material?

–Yo te lo llevo.

–Qué amable.

–Y un huevo. Me dijeron que te estas acostando con la Ortiz y tengo ganas de ver a qué se parece una tipa que de un momento a otro puede heredar cincuenta millones de dólares.

–Es igual que las otras, pero huele mejor.

–Con cincuenta millones de dólares puede oler a cheddar, viejo.

–¡Eres un poeta! Nos vemos.

Colgué. La señora Rodríguez me miraba a los ojos. Su pregunta aún flotaba en el aire. ¿Tenía precio la salvación de mi alma? Claro que sí. Todo tenía un precio. Tú, yo, los derechos de las canciones de John Lennon vendidas a Michael Jackson, las llamadas a la *sex line*, un pedazo del muro de Berlín...

–¿Acepta entonces, joven? –preguntó la señora Rodríguez–. Es una hermosa obra.

–Todo sea por nuestras almas, ¿no? –sonreí.

–Amén –exclamó ella y luego, por primera vez desde que nos conocíamos, sonrió y dijo–. Además, es deducible de impuestos, ¿sabe?

3

EL RUGIDO DEL TELÉFONO atravesó mis sueños hasta volverlos pedazos. Intenté descolgarlo con la mano izquierda pero algo parecido a un piano la aplastaba. Podía mover la mano derecha pero no era muy exacta. La dirigí hacia el teléfono. Lo intenté tres veces y por fin agarré el auricular. La boca me sabía a papel aluminio, tenía un dolor de cabeza del tamaño del Oriente Medio y una voz al otro lado de la línea me gritó que la había pegado.

–¿La lotería? –pregunté.

–Claro, hijo de mi alma –chilló la voz.

Era mi padre. Miré el reloj. Las tres y cuarenta y siete de la mañana.

–Coño, papi –dije–, ¿qué pasó?

–Acabo de enterarme de lo de la Ortiz. ¡Eres lo máximo, hijo de mi alma, lo máximo! ¿Para cuándo es la boda?

–¿Qué boda?

–¿Cómo que qué boda? No me irás a decir que no te vas a casar, ¿no?

–¿Con quién?

–Con la Ortiz, hijo mío, con la Ortiz.

–¡Pero si apenas estoy comenzando a salir con ella!

–¿Y qué? ¿Te lo vas a pensar? Está forrada en dólares y según lo que he podido ver en las fotos de sociales los trajes escotados le quedan de maravilla. ¿Acaso es idiota? No le vas a pedir ayuda para escribir una tesis, te vas a casar con ella.

—Te estás adelantando a los acontecimientos, padre.

—¡Y un carajo, Bruno! ¿Quieres que te lo deletree? Cincuenta y dos millones de dólares. CINCUENTA Y DOS MILLONES. Sin contar los fondos que el papá le pateó al Banco de los Llanos y que deben estar engordando como unos cochinitos en la cuenta secreta de Zurich. ¡Hijo de mi alma, no puedes perder semejante oportunidad! Ocho generaciones de la familia Manrique han vivido en la más mísera de las pobrezas a la espera de un acontecimiento de esta magnitud. Mírame a mí, Bruno, que dejé de casarme con una condesa para venir a empatarme con tu madre y desgraciar mi vida... ¡Piensa en mí! Si no te casas con esa mujer vas a despertarte todas las madrugadas por el resto de tus días preguntándote cómo fuiste tan idiota como para desperdiciar semejante oportunidad.

—Ay, Dios...

—Sé que es duro, pero dime ¿qué hubieras preferido? ¿Pasar tus cumpleaños en el bloque de mierda en el que tu madre te crio o recibir sonajeros de Tiffanny's a la orilla del Rin, bebiendo jodidos teteros de champaña? ¡Yo me lo he estado preguntando durante los últimos veinte años!

—Es una pregunta difícil. De todas maneras, ¿no se te ha ocurrido pensar que ella no quiera casarse conmigo?

—¡Préñala! ¡Eso no falla! Al padre no le va a quedar otra que casarlos.

—Por Dios, viejo, eres una rata.

—Solo soy pragmático. El hambre lo vuelve a uno pragmático.

—Y jodido. No puedo creer que me llames a esta hora para decirme semejante vaina.

—Soy tu padre. Debo aconsejarte lo mejor posible.

—¿Aconsejarme? ¿A eso le llamas un consejo? Parece una conversación de retén. ¡Debería haber un Plexiglas entre nosotros!

—Estás molesto por lo que te dije de tu madre, ¿no? No te lo tomes así, hijito. Créeme que si me hubiese casado con la condesa también te hubiese tenido. A lo mejor te hubieses llamado Guntram, como su padre el vizconde, y hubieses salido un poquitín más rubio, pero de que te hubiese tenido, te hubiese tenido.

—No sé cómo puedes seguir recordando una cosa que pasó hace añales.

—Cada vez que me despierto en las mañanas y me encuentro con la jodida nevera vacía me acuerdo de ello, hijo. No quiero que te pase lo mismo.

—Eres todo un amor, viejo.

—Deja los cinismos para tu programa de las siete y hazme el favor y cásate con esa condenada ahora mismo, Bruno.

—¿Qué tal si la mamá está en contra de la idea?

—¿Y por qué va a estarlo? Eres guapo y famoso. Los jóvenes te adoran y todas las mamás quieren que sus hijas salgan contigo. Eres el yerno perfecto, por Dios. Si fuera el padre de esa mujercita ya te hubiese raptado, joder. Me extraña que *él* no te pida en matrimonio, Junior.

—Voy a conseguirme una foto mía e irme a masturbar al baño. Me consigo un espejo de cuerpo completo y me caso con él.

—¡Eso mismo decía yo a tu edad y decidí dejar pasar a la condesa! Y ya me ves. Cincuenta años y los jodidos testículos me cuelgan hasta las rodillas. Espera a que dejes de parecerte a Tom Cruise y ya verás lo que se siente que las nenas te busquen solo para ayudarte a cruzar la calle y venderte Gerovital.

—En momentos como este tengo una idea bastante exacta de por qué te dejó mamá.

—¡Yo fui el que dejó a tu madre!

—En todo caso, ya sé porque ella no hizo nada para recuperarte.

Dijo algo ininteligible que no me sonó muy paterno y colgué la bocina.

Desconecté el teléfono y cerré los ojos. A mí lado, sobre mi brazo, la Ortiz (Tita para mí y el dedo) giró su cuerpo y susurró somnolienta:

—¿Quién coño era?

—Fantasmas del pasado.

—Uy, qué profundo, *darling*. Ya no puedo dormir.

—Creo que yo tampoco.

—¡Qué bueno, porque compré unos Durex en el aeropuerto de Boston y quiero ver si se parecen a los que venden aquí!

No se parecían pero, al final, no importó mucho.

4

HILDA SE METIÓ UN CHICLE DE FRAMBUESA del tamaño de un ladrillo entre los dientes y lo apretó con suavidad hasta que salió algo rojo y denso que salpicó la lista impresa de los temas del próximo mes.

—Uy, perdón —dijo.

—No importa. ¿Qué tenemos para mañana? —pregunté.

—El helado Saint Frappé.

—¿El helado Saint Frappé?

—Es el nuevo helado de la Frío Rico. Cubierta de chocolate, corazón de fresa, lluvia de maní escarchado. Lo están comiendo como si provocara orgasmos. Sales a la calle y todo el mundo lo lame. Hicimos una encuesta telefónica la semana pasada y todos hablaban de él. Una muchacha que estudia economía me dijo que era un helado *sexy*.

—¿Parece una paloma?

—No, pero ella dice que cada vez que lo come le entran como unas fiebres. Sé que suena exagerado pero un muchacho dijo que se había levantado a siete tipas en lo que iba de semana mientras se comía un Saint Frappé.

—¿Cómo coño voy a hacer un programa de radio sobre un helado?

—Hice una investigación y tengo siete páginas sobre la historia del helado, los helados que comen las estrellas, los helados más famosos, los más raros, el helado más caro...

—Guao.

—Bueno, Bruno, era eso o la legalización del monte.

—Eso es mejor. Hagamos un programa con concursos sobre cómo serían las propagandas de marihuana en el cine. Yo aparecería en las pantallas con los ojos rojos, sonriendo, agarrando un huevo de gallina y diciendo: «Sin el *monte* esto es solo un huevo de gallina. Con el *monte* puede ser lo infinito». Y ¡crácata! el huevo estalla y salen fuegos artificiales, muchachitas a lo *Tropicaliente* corriendo en *topless* por la arena, elefantes rosa tocando *acid house* en el cielo. Una voz en *off* diría: Compre Cigarrillos *Monte*. Cero nicotina y 100 % alucinación. Haríamos un *sketch* imaginándonos qué pasaría si se vendiera mafafa en el McDonald's. Vendría envuelto en paquetitos de cartón reciclables y se llamarían MacFafas. ¡Tendríamos más *rating* que la boda de la infanta Elena!

—¡E inmediatamente después llamarían del Ministerio de Transporte y Comunicaciones para sacarnos del aire hasta el siglo XXIV!

—No me preocupa el juicio moral, sino el histórico.

—Pues yo me acabo de comprar un apartamento con dos puestos y piscina a cien kilómetros de la zona roja más cercana y el juicio moral ahora mismo me parece importantísimo, papi.

—¡De nuevo el vil metal!

—Será vil, pero la piscina es una maravilla y tengo un vecino soltero que se parece a Tom Selleck y que sonríe como un condenado cada vez que me pongo a tomar sol con la tanguita que me regalaste en mi cumpleaños.

—*Okey*, olvidemos la legalización de la mafafa por el bien de tu vida sexual. ¿Cuáles son los otros temas?

—Queríamos hacer uno sobre los padres. El fin de semana que viene es el Día del Padre y queríamos hacer concursitos con regalos y todas esas cosas.

–¡Uy mierda! Qué feo. La última vez llamaron puros resentidos. La mitad del programa me la pasé cortando llamadas en el aire e inventando chistecitos para escurrir el bulto. Una tipa me llamó para decir que la única cosa cariñosa que había recibido de su papi era una metida de dedo a los doce años.

–¡Qué asco! ¿En verdad dijo eso?

–¿No recuerdas el que llamó después? Un tipo al que le decían «Petete» o algo así, que estudiaba Administración en la Metro. Le estaba regalando *after shave* con cianuro a su papá, año tras año, para matarlo sin despertar sospechas y patearse la herencia con su novia. Lo peor es que papá estaba al lado y se reía como un idiota de las ocurrencias de Junior.

–Otra prueba de la decadencia de la sociedad occidental. De todas formas, el tema del miércoles te va encantar. Es picantico.

–¿Enchiladas?

–Trucos que usan los hombres para seducir a las mujeres. Todavía no le tenemos título puesto, pero es algo así como «Montando la trampa» o «En temporada de caza». Algo sugestivo.

–No sé. Tengo miedo de que empiecen a llamar puros idiotas diciendo groserías, o lo que es peor, muchachitos romanticones citando canciones de Luis Miguel y diciendo que «lo importante es tratar a la jeva como si fuera un ser humano. Entenderla, ¿ves? No pensar en ella como si fuera un mero objeto casual, perdón, sexual.»

–Eres un machista de mierda.

–Tal vez, pero apuesto a que si esos tipos llegaran en la noche a su casa y se encontraran a Cindy Crawford en pelotas, diciendo *take me, take me* en el medio del *living* no le preguntarían cuáles son sus opiniones sobre la intervención estadounidense en Somalia.

–Es un ejemplo muy radical, chico.

–Las teorías se comprueban radicalmente.

–Pues he estado saliendo con un muchacho con un máster en Compra de Compañías Diversificadas y cada vez que me saca a pasear me trata como a Carolina de Mónaco. Vinito, restaurante, charlita decente y rosas por la mañana.

–¿Y qué tal el sexo?

–Ahí, ahí, pero para eso está el vecino que se parece a Tom Selleck.

–*Vive le romance.*

–No me jodas, Bruno. ¿Acaso hay que ser una estrella de la radio para provocar orgasmos múltiples?

–Ayuda.

–Tendré que preguntarle a la Ortiz qué se siente despertarse por las mañanas con cincuenta millones de dólares.

Aquella parecía ser la pregunta de la semana.

–¿Qué pasa con la Ortiz y conmigo?, ¿aparecemos en la novela de las dos? Parece que todo el país sabe de lo nuestro.

–Pues te diré que casi. Toti, el gordo de las sociales, te está persiguiendo desde hace tres semanas para tomarte una fotico estilo *paparazzi*. Tiene a tres reporteros siguiendo a la Ortiz. Al parecer, ella siempre se las arregla para esfumarse.

–Es que es un hombre. Se quita la peluca y nadie la reconoce.

–Lo cual me recuerda que Toño quiere entrevistarte en tu programa.

–¿De nuevo? Pensé que me odiaba desde la última vez.

–No lo culpo. Te pasaste con lo de su cara.

–Él empezó con las preguntitas raras sobre mi mamá y la J.C. Yo solo dije –y en broma– que se parecía al lelo de *Pulp Fiction*, pero sin la capucha.

–Lo del pelo no fue moco de pavo tampoco.

–¿Copete fláccido? ¿Se molestó porque le dije copete fláccido?

—Se enteró de lo tuyo con la Ortiz y quiere joderte con el público. Ya sabes, «el paladín de los pobres culeando con una mantuana».

—¿El paladín de los pobres?

—Aquilino en *El Nacional*. Se emocionó muchísimo con lo que hiciste para esa casa de niñitos en Guatire.

—Era deducible de impuestos.

—Bueno, el caso es que Toño te tiene ganas. Y aquí entre nos, *off the record*, me dijeron que el muy cabrón está elaborando una lista de personalidades de la farándula que están metidos en drogas y que quiere crear una campaña de limpieza en los medios denunciándolos. ¿Y a que no adivinas quién está a la cabeza?

—No vuelvo a meterme con el pelo de nadie.

—El pelo es una cosa muy importante para algunas personas. Por cierto ¿crees que debería cortármelo a lo *garçonne*?

—No te quedaría mal. Tita lo lleva así.

—Supongo que cuando tienes cincuenta millones de dólares te ves bien hasta calva, ¿no?

No se me ocurrió qué responder. Hilda elaboró una bomba magenta y enorme, y se la tragó con una sonrisa. Continuó con la lista...

5

EL VIERNES POR LA NOCHE fui con la Ortiz a una fiesta
«atómica» en casa de una de sus compañeras del internado suizo. Un grupo de *yuppies* iban a montar guardia toda
la noche para ver la explosión del atolón de Moruroa por
CNN. Suave. Vea como un santuario natural se convierte
en una nube de polvo radioactivo. Imaginé los nuevos *slo-
gans* del Ministerio de Turismo polinesio: «Venga a Moruroa, hogar del mero leucémico y las playas de arena azul.
Adquiera un bronceado imborrable».

Nos recibió un tipo con aspecto de poder hacer cincuenta abdominales y no sudar ni una gota. Se llamaba
Rolando y había ido a la secundaria con la Ortiz. Creo que
fueron novios durante algún tiempo.

–¡Tita, por Dios, te ves fenomenal! –exclamó a punto
de eyacular–. Pasa y sírvete una copa de lo que quieras. Victoria trajo Stolichnaya desde Rusia y dice que es lo mejor
que hay allí además del McDonald's. ¡Parece que tienen
McNuggets de esturión!

Soltó una risotada caballuna y me lanzó una ojeada
significativa.

–No me digas que tú eres Bruno Manrique –musitó,
contentísimo.

–No, soy un invasor de Gamma Catorce que asumió la identidad de Bruno y viene a convertir su planeta en una bola de fuego. Nueva risotada.

–¡Por Dios, es comiquísimo! Déjame decirte que soy fan número uno de tu programa. Me pareces genial. Aunque debo decirte que creía que eras más alto.

–Yo también. Hoy me vi al espejo y casi me desmayo.

–¡Ay, Dios, que genial! Pasa, pasa, sírvete una copa.

Entramos. La sala estaba llena de tipos de traje y corbata y mujeres maquilladas en demasía. Todos tenían pinta de estarlo pasando bomba. Un televisor del tamaño de una nevera estaba encendido al final del cuarto y pasaban a Madonna, vestida de cuero negro, fustigando a un chihuahua con un látigo de siete colas. La multitud bramaba enardecida.

–¿Cuánto tiempo nos vamos a quedar aquí? –le pregunté a Tita.

–¿Ya te aburriste, *darling*?

–Falta muy poco.

–Tranquilo, querido, te presentaré a alguien simpático.

–¿Cómo Rolando? Prefiero hacer gárgaras con limpia pisos.

–¡Qué radical!

Llegué a una mesa de cristal tallado atiborrada de botellas y me preparé un cuba libre con ron Campari. Una rubia tetona con los labios del grueso y colorido de una berenjena se paró a mi lado y apoyó sobre la mesa un trasero en el que se podía edificar un condominio. El resto de su anatomía era igual de generosa y venía envuelta en un vestidito de lamé azul con suficiente tela como para confeccionar dos pañuelos. Me miró con unos ojos falsamente azules. Era una buena mirada. Se podía tostar un pan en ella.

–Tú eres Bruno Manrique –murmuró.

–No se lo digas a nadie, voy de incógnito.

—¿De qué?

—Incógnito. Es latín, creo. Significa pasar desapercibido.

—Me fascinan los hombres cultos.

—A mí me gustan más las mujeres guapas.

—También me gustan los hombres graciosos.

—¿Te conté de mi novia la Ortiz?

—Fuimos juntas al internado. Es mi mejor amiga. ¿Te gustaría ver el tatuaje que me hice debajo del ombligo?

—Claro. Llamo a Tita y le echamos un vistazo.

—No sería lo mismo.

La Ortiz se apareció por la izquierda y saludó efusivamente a la tatuada. Luego se volvió hacia mí y me susurró al oído:

—¿Ya te manoseó?

—No, pero ganas no le faltaron.

—Es que eres un mangazo.

—Y ella una ninfómana. ¿De dónde la sacaron?

No tuvo tiempo de contestarme. Rolando entró en escena con cara de estar pasando el mejor momento de su vida. Agarró a la tatuada por el brazo con la delicadeza de una llave de presión y sonrió con una dentadura que era como para exhibirla en una galería.

—Manuela, ¿ya conociste a Bruno? —preguntó. Manuela puso cara de fastidio y dijo que sí.

—Es de lo más precioso —dijo—. Figúrate que hace un rato le estaba pidiendo que viera mi tatuaje.

Rolando sonrió aún más y la piel de los cachetes se le puso tan tensa que parecía a punto de rasgarse. La presión en el brazo de Manuela aumentó substancialmente.

—¿Verdad que Manuela es genial? —preguntó Rolando.

—Maravillosa —dije—. Deberías sacarle copia y venderla en las tiendas como una Barbie.

La Ortiz soltó una corta carcajada. Manuela no dijo nada y la sonrisa de Rolando se amplió a niveles sobrenaturales. Yo bebí un sorbo de mi trago.

–¡Por Dios –murmuró Rolando–, eres un tipo genial!

Todos éramos geniales. Me extrañaba que la NASA no nos hubiese contactado aún para mandar un cohete a Marte. Agarré a la Ortiz por la cintura y le pedí que me enseñara el baño.

–Creo que te pasaste, querido –dijo Tita–. Pero de todas formas fue muy divertido.

–Es que soy un tipo genial.

Dieron las doce y Moruroa seguía aún sin estallar. Suerte para los polinesios, una maldición para mí. Los muchachos de la fiesta solo hablaban de carros o de mujeres sin que uno pudiera establecer claramente cuándo hablaban de lo uno y cuándo de lo otro. En cuanto a la Ortiz, conversaba animada con sus amiguitas del internado. Hablaban de los novios, del primer cacho a escondidas en el gimnasio, de los tres abortos de una tal Jean Marie, de las borracheras que se agarraban con borgoña barato. En fin, de la loca juventud que le dicen. Concluí que las únicas diferencias entre los internados suizos y las escuelas públicas nacionales eran que los alumnos hablaban francés y no bebían anís.

En mi octavo viaje al baño, ya sin ganas pero muy fastidiado, me encontré con un espécimen rubio y curvilíneo que intentaba mantener la verticalidad con todas sus fuerzas. En algún momento me la habían presentado como Eugenia María de algo, hija de un tal don Pascual de algo, dueño de la mitad del cemento de todo el país. Su hija, al parecer, no había salido tan bien fraguada y se esparcía por el suelo con desparpajo. Llevaba un vestidito rosado que no soportó la coyuntura y le llegó hasta un poco más arriba del ombligo, dejando ver unas pantaletas Calvin Klein de las menos recatadas y un par de piernas que si bien no eran Calvin Klein tampoco estaban mal. Durante un momento pensé en dejarla regarse un poco más para ver hasta dónde llegaba el vestido, pero una molesta y desconocida veta caballerosa terminó imponiéndose y la ayudé a levantarse. Tenía un cutis maravilloso y olía a lo que debe oler ese perfume que publicita Elizabeth Taylor mezclado con ginebra Tanqueray. Gorgoteó un gracias y se desmayó.

La arrastré hasta un cuarto y la deposité sobre una cama de agua en la que se podía librar un partido de *water polo*. A la muchacha no le gustó la cama. Comenzó a hacer ruidos como Godzilla y luego dijo algo que sonó a gargarismo de sopa. Los canapés engullidos en la víspera habían decidido en pleno que ya no querían estar adentro y habían comenzado el éxodo al exterior. Volví a levantarla y la llevé al baño. Al abrir la puerta me encontré a la Manuela de cuclillas, frente al excusado, más o menos con el mismo problema. También llevaba pantaletas Calvin Klein, según pude notar. Deposité a la pequeña Eugenia sobre el lavamanos y salí en pos de ayuda.

En la sala el televisor seguía encendido, Moruroa permanecía intacta, y la mitad de los invitados habían desaparecido. Dos tipos estaban sentados en un futón con la cara azul y cuatro de las amiguitas de Tita se tambaleaban contra las paredes y se reían como locas. Una quinta estaba tirada en el suelo, boca arriba y murmuraba que estaba apenada, muy feliz, y con ganas de hacer pipí. No podía levantarse.

—¡Siempre hace lo mismo! —se carcajeó una.

—¡Es cierto, como aquella vez en Milán, en casa de Dominico! —replicó otra.

Me llegué hasta la cocina. Rolando sostenía a una gordita altísima que movía los brazos hacia todos lados, como si estuviese a punto de caerse de una cuerda floja. La aristocracia parecía tener el metabolismo vuelto un desastre. Un mal de clase, sin duda. Los príncipes rusos sufren de hemofilia y los ricos nacionales no pueden beber combinados. Lo ayudé a acercarla al lavamanos. En cuanto tuvo a tiro el juego de porcelana bostoniano y los vasos de cristalería alemana los vomitó sin contemplaciones. Rolando seguía sonriendo.

—¿Dónde está, Tita? —pregunté.

—¡En el baño de servicio, ayudando a Gustavo Irribarren! Parece que los canapés estaban malos y a todo el mundo le está dando un pálida.

—Genial, ¿no?

Estuvo a punto de golpearme, pero era demasiado educado como para soltar a la gorda. Yo tardé dos minutos en encontrar el cuarto de baño del servicio. Tita fumaba un Camel recostada del lavamanos, mientras Gustavito, de cuclillas frente a la poceta, hacia una imitación muy lograda de *El Exorcista*.

—Creo que se está ahogando —dije.

—¿Tú crees? Me parece que lo hace bastante bien.

—Creo que tiene la cara sumergida en el agua.

—¡No pienso meter las manos allí para sacársela!

—¡Yo tampoco! Al fin y al cabo es tu amigo.

—Tampoco es que éramos íntimos. Nos habremos visto un par de veces en el club, a lo sumo.

Tita y yo acabamos yendo a su casa a jugar al doctorcito.

—¿En verdad te acostaste alguna vez con Rolando? —murmuré, mientras intentaba desencajar el mecanismo súper sofisticado de su Wonderbra, por otro lado incomprensible, dados los glamorosos senos de Tita.

—Era joven y él tenía un cuerpazo.

—¿Te lo cogiste solo por su cuerpazo?

—¿Tú te acostarías con Cindy Crawford solo por sus ideas de la situación somalí?

—Si apoya la intervención americana haría el esfuerzo.

—Eres una mierda, Bruno, por eso me gustas.

—Pensé que era mi *sex appeal* animal y mi personalidad magnética.

—Y tu dedo, sobre todo tu dedo.

—Creo que últimamente se está gastando. Intenté llamar por teléfono la otra vez y solo me quedaba el nudillo.

—¡Cállate y bésame!

Cumplí las órdenes sin replicar.

6

VENEZUELA GRÁFICA ANUNCIABA que mi matrimonio con Tita era cuestión de días. La lista de invitados era impresionante e incluía al presidente de la República, viejo compañero de estudios del padre de mi amada. Todavía no sabían a cuánto ascendían los costos de la magna celebración, pero las cifras giraban en torno a los treinta millones y eso porque iba a ser una reunión íntima.

Hilda me dio el reportaje junto con los números del último *pool* bimestral. Continuaba a la cabeza de la estación y Toño me seguía de cerca.

−Toño quiere entrevistarte −me informó Hilda. Esta vez masticaba una cosa purpúrea con el llamativo nombre de Fiesta Tropical.

−¿Entrevistarme? ¿De qué podemos hablar ese idiota y yo?

−Quiere hablar sobre las drogas. No serás el único. Tiene a otros invitados: un congresista que se llama Rubirio Tortoza y un tal Jonh Emingald, de la Embajada norteamericana. Un tipo de la DEA. Lo vi la otra vez por el canal siete y se puso a contar historias loquísimas sobre las cochinadas que hace el cártel de Cali cuando se entera de que le están rindiendo la mercancía con talco. ¿Sabías que agarran a los tipos y les cortan el cuello y después...?

–Les cortan la lengua y se las ponen de corbata, sí. «La corbata colombiana».

–¡Eso, por Dios! ¿Viste el programa tú también?

–No, de chiquito veía mucho *Miami Vice*.

–¿Eso lo ponían en televisión?

–Con algo hay que conseguir cuñas...

–El caso es que Toño me ha estado llamando toda la semana para tenerte allí. Debe haberse enterado de lo de la Liga Cristiana Antidrogas.

–No me gusta. Cualquier cosa que tenga que ver con Toño me produce mala espina. Después de todo es un tipo que pone a Ricky Martín en su programa. Eso tiene que significar algo malo.

–Tú también pones a Ricky Martín.

–Es diferente, yo lo hago por trabajo. Él lo hace por placer.

–No veo por qué te da tanta tirria.

–¿No lo ves? Mira su cabello. El desgraciado tiene un tirabuzón en el copete que mataría de envidia a Audrey Hepburn.

–Estás loco. Por cierto, llamó tu papá. Dice que quiere cenar contigo.

–¡Ay, mierda!

–Hay que ver que eres un desgraciado, Bruno. Lo que daría yo porque mi papá tuviese esos gestos conmigo.

–Si tu papi se pareciese al mío estarías de rodillas rogándole a Dios para que no tuviese esos detalles contigo.

–Lo conocí una vez y me pareció un señor de lo más simpático.

–Intentó ligarte, ¿no?

–Bueno... sí, pero se comportó como un caballero cuando lo rechacé.

–¿Fue en mi cumpleaños del 93?

–Sí.

—Eso lo explica todo. Una de mis amigas de Comunicación andaba con la libido alta y el Edipo sensible, y tuvo la idea «Nobel del año» de llevárselo a su casa.

—Me estás jodiendo.

—Claro que no. Me llamó a los dos días suplicándome que lo sacara de allí. Prácticamente tuve que doparlo para que la dejara en paz. Te estoy hablando de meterle cuatro Valium en el jugo de naranja y sacarlo de allí alucinando. Desde entonces mi amiga solo sale con párvulos y, lo que es más raro, no puede ver nada que tenga una foto con el Che Guevara.

—La naturaleza humana es misteriosísima.

—Y mi padre un fastidio. Quiere que me case con la Ortiz.

—Todos quieren que te cases con la Ortiz. ¡Yo quiero que te cases con la Ortiz! Así cuando tengan su primer hijo yo sería la madrina y me llevarían a bautizarlo a la casa esa maravillosa que tiene la mamá en Cancún, aquella que apareció en *¡HOLA!*

—No serviría. La Ortiz odia a los niños y, lo más importante, vendieron la casa. Se van a comprar otra en Puerto Vallarta o Ibiza, no sé.

—Qué lastima. Te llamó también una tal Manuela. Tenía una voz de vampira.

—¿Viste el resto?

—Llamó de parte de una fundación en pro de algo largísimo y creo que ecológico. Una cosa con un nombre autóctono. Tienen una casa club o algo así en Los Chorros.

—Los ricos también tienen su corazoncito.

—Quiere hacer una campaña.

—Y quiere que yo sea la imagen. Gratis.

—Exacto. Dijo algo acerca de los impuestos que no pude entender.

—¿Que era deducible de los impuestos?

– ¡Eso! ¿Cómo lo adivinaste?

Mi padre debía tener la misma edad que yo en la foto. Llevaba el cabello muy negro y se había dejado unos cuantos pelos en los cachetes para parecerse al Che Guevara. No le quedaban mal y le daban un aspecto sensual y peligroso. Agarraba por la cintura a una rubia delgada y elegante, vestida de negro. Ella llevaba el cabello muy corto y miraba a mi padre con delicado placer. Tenía una nariz que era toda una obra de arte. Sus labios se curvaban en una imperceptible sonrisa.

–La condesa Guillermina Von Bramante –dijo mi padre suspirando encima del tercer Etiqueta Negra de la tarde. Casi se le salían las lágrimas con el recuerdo–. El mejor culo que he tenido el placer de tocar, hijito. Lo tenía durísimo. Practicaba equitación en la casa de campo de su familia en Baviera, y créeme, podías romper una nuez con esos glúteos.

–Qué poético.

–Toda la poesía me la gasté con tu madre. Con la condesa me las di de duro. La ponían caliente los revolucionarios latinos. Su sueño dorado era que se la puyara el hermano de Fidel Castro. Tenía fotos del tipo pegadas en su cuarto. Raúl Castro bajándose de un jeep, Raúl Castro paseándose por Sierra Maestra con una metralleta, Raúl Castro dando discursos junto al hermano en la 5 de Mayo. La colección completa. Yo compuse *el* personaje revolucionario para ella. Emiliano Zapata Junior. Súper Ñángara. La llevé al robo de una prensa rotativa para publicar folletos subversivos, se la presenté al jefe de la célula más importante de la universidad. Nos fuimos a pasear a Coro. Bueno, yo paseaba con ella, porque en realidad la condesita creía que íbamos a entregarle unos mapas importantísimos al comandante de la guerrilla en la zona. La pobre se lo tragó entero.

Yo llevaba cinco mapas de la Shell subrayados con marcador rojo y la pobre pensaba que eran posiciones vitales, puntos de ataque primarios a ser invadidos dentro de los meses venideros. Tenías que ver cómo se me pegaba cada vez que nos pasaba al lado una patrulla de la GN. La pobre creía que estaba saliendo con la versión latina de James Bond.

–¿Nunca la llevaste a una manifestación?

–¿Estás loco? Nos hubieran pegado un tiro, aunque quién sabe. Los desgraciados de la antimotines se hubiesen quedado anonadados al ver ese caramelo germánico gritar *las calles son del pueblo, no de la policía.* No hablaba mal español, ¿sabes? Sobre todo a la hora de gritar consignas. Se le salían un poco las erres pero, por lo demás, ni Quevedo. ¡Y pensar que se quiso casar conmigo y yo no le presté atención!

–Mamá me dijo que no fue así. Que le presentaste al comandante del batallón José Martí o algo por el estilo y te dejó por él.

–¡Tu madre es una mal hablada! Sucedió así, pero porque yo estaba más preocupado por la lucha que por ella, así que dejé que se fuera con ese idiota. Si lo hubiese deseado, ella se hubiera venido conmigo. La tenía comiendo de la palma de la mano. Esa mujer besaba el piso por donde yo caminaba.

–¡Hombre, papá, llevas media hora hablándome de puro teatro! Te metiste en las guerrillas solo para flirtear con aristócratas extranjeras.

–No te digo que no fue así al principio, pero después me lo acabé creyendo. De verdad que me lo acabé creyendo. Me ofrecí como voluntario a más de siete misiones de esas que no aceptan ni los del M-16.

–¿Y qué tal te fue?

–No me aceptaron en ninguna porque la verdad es que cada vez que me ponían una de esas ametralladoras en la mano me daba como una temblequera y no le podía dar ni al piso. Pero créeme que si me hubiesen aceptado hubiera muerto como aquel tipo de *Sin novedad en el frente*. Solo y enardecido, en un campo de trigo al amanecer.

—Suerte para ti que en el trópico no se dan muy bien los cereales.

—¡Hubiese sido mejor que vivir sin la alemanita!

—¿Qué pasó con ella?

—Lo que le pasó a todas. Se mudó con la rata de Martinelli, el comandante del puto batallón de mierda, y se fueron a vivir en la clandestinidad porque Martinelli estuvo implicado en el robo de un banco para comprar armas y se tuvo que largar por un tiempo. Tampoco te vayas a creer que el tipo era un Dillinger. Manejaba el carro de la huida. El muy idiota lo clavó contra un poste y tuvieron que darse a la fuga en por puestos. Después lo mandaron a Berlín Oeste o algo por el estilo y a Guillermina eso sí no le cayó muy bien. Una cosa es jugar a los guerrilleros tirando como una condenada y diciendo «Me voy, me voy» en español, y otra es pasarse el día entero en el ático de un caserón en Berlín Oeste comiendo sopas frías, escuchando a un berlinés de los servicios especiales dando instrucciones sobre cómo hacer una bomba con jabón de cocina y leyéndose el *Das Kapital* desde la mañana hasta la noche. A Guillermina le gustaba la guerrilla, pero cuando era divertida y en español. Dejó a Martinelli y volvió a su casa. Supongo que se dio cuenta de que no tenía chiste ser comunista si ya se tenía dinero y decidió afrontar su complejo de clase con todas las de la ley. Se casó con un conde que tenía un castillo en algún sitio. Se divorció algunos años después.

—Toda una historia.

—Ni lo digas, hijo mío. La otra vez fui a hacerme un tratamiento de conducto y mira lo que me encontré en una de las *¡HOLA!* del dentista.

Papá me dio un recorte doblado. Guillermina seguía teniendo la misma sonrisa plácida. Estaba sentada en la sala de estar de alguna fastuosa casa de campo y a sus pies descansaba un gran danés color marrón con pinta de fastidiado. La condesa llevaba sus cincuenta y tres años de forma inmejorable. Había tenido un *affair* con Antonhy Quinn en algún momento de los setenta, había abierto una clínica de rejuvenecimiento y descanso con baños de barro y acupuntura en la frontera italo-suiza, y entre su selecta clientela se contaban un par de marqueses y tres estrellas de telenovelas americanas. Y sí, mantenía gratos recuerdos de su estancia en los países del sur, donde la gente era muy amable y pintoresca.

Lo leí en voz alta y a papá le dieron arcadas cuando dije lo de pintoresca.

—¡Pintoresca! —escupió—. ¡Jamás me dijo pintoresco cuando hacíamos el amor! ¿Sabes cómo me decía la muy cabrona? Su «rico salvaje». Justo cuando se venía gritaba (¿puedes creerlo?), gritaba que yo era su «rico salvaje». ¡Se le salía en alemán! Tardé un mes en averiguar qué coño significaban los chillidos guturales que soltaba al irse... ¡La muy cabrona!

—¿Cómo se dice mi «rico salvaje» en alemán?

—No me acuerdo, pero suena a bocinazo cuando te lo gritan en la oreja. Era como acostarse con la *Cabalgata de las Valkirias*.

—El amor es una cosa esplendorosa.

—Jode, chiquitín, jode, pero apuesto a que la tal Ortiz te dice algo parecido cuando se viene.

—No me llama su «rico salvaje». Ni siquiera me dice papi.

—Ya te lo dirá, Bruno, ya te lo dirá. Las muchachas de alcurnia se vuelven unas verdaderas demonias cuando se acuestan con tipos como nosotros, que somos pobres pero sabemos usar los cubiertos. Se enloquecen. Somos algo así como su safari en el tercer mundo. Ven los ranchos desde la ventana del Mercedes, la pobreza por televisión, y quieren sentir un poco de eso, un trocito de emoción, algo que contraste con el ambiente sanforizado en el que se desenvuelven. Pero no son idiotas y no se van a vivir al 23, ni a comer empanadas en la calle, al lado de vendedor de peines. ¡Nanay! Esperan a que traspasemos el umbral y caen sobre nosotros para chuparnos el saborcito a tercer mundo, el sudor de obrero de construcción. Les damos la exacta dosis de salvajismo que necesitan para no volverse locas cuando tienen que irse a la peluquería a teñirse el pelo por octava vez en el mes. Y algunas veces, je, algunas veces no se conforman con esa dosis y quieren el paquete completo. Sucede poco, pero sucede. Y es allí cuando un bomboncito como la Ortiz se enamora de un tipo como tú y, ¡bingo!, triple premio y loto con los doce números, hijito. Se invierte la ecuación y nos casamos con ellas y nos vengamos.

—¿Cuando tenga tu edad me voy a poner igual de psicótico? Porque cada vez que hablas así me dan ganas de castrarme y ahorrarles este espectáculo a mis hijos.

—No seas ingenuo, Bruno, sabes que es cierto.

—Sí, claro. No sabía que era el hijo del Falo Vengador.

—Pero, bueno, Bruno, ¿no has escuchando nada de lo que he dicho? ¿Mi historia no te ha dicho nada? ¡Piensa que si me hubiese dejado de bobadas estaría yo y no el puto gran danés en la foto de la *¡HOLA!* Estaría bebiendo martinis junto a Guillermina mientras le digo al marqués de la Gorgonzola que deje de comer grasas y se hidrate más.

—Sí, claro. Y yo tendría el pelo rubio y me llamaría Johannes, ¿no?

—¡Posiblemente, hijito! Lo que te estoy diciendo es que no cometas el mismo error que tu padre. Entiende que si te casas con la Ortiz vas a solucionar tu vida y la de las generaciones futuras de los Manrique, por los siglos de los siglos.

–Amén.

–Ya entiendo. Es por mí, ¿no? Nos llevamos mal y vas a llevarme la contraria siempre. ¿No es eso? Pues, por mí vale. Admito que soy una rata de mierda. Admito que soy un padre de porquería, que traté a tu madre como basura, que no te merezco. Lo admito. Me puedo arrodillar y todo, hijo de mi alma. ¿Es eso lo que quieres? Mira que lo hago, Bruno. Me tiro de rodillas con todo y que me compré estos pantalones ayer y son italianos. ¡Nomás para que veas lo mucho que me arrepiento después de todos estos años, hijo mío!

–Por Dios, papá, voy a pedir la cuenta.

–Ni se te ocurra, Bruno, que yo pago. Después de todo lo que he hecho es lo mínimo que puedo ofrecerte. Así sea como primer paso a una reconciliación.

–Estás exagerando, viejo.

–Ni hablar, ni hablar. ¡*Garçon*, la cuenta!

A papá casi le dio un infarto cuando leyó el monto.

–¿Cuarenta mil? ¿Cuarenta mil bolívares dos platos y tres jodidos güisquis? –chilló–. ¿Qué coño tiene el güisqui?, ¿platino?

–Tranquilo, yo pago –dije.

–¿Lo ves? –exclamó agitando la factura frente a mis ojos como si sostuviese en las manos la fotografía de Dios–. ¿Lo ves?

–¿Ver qué?

–¡Tu futuro, hijo, tu futuro!

–¿En una cuenta de restaurante?

–¿Es que no te das cuenta de que no podremos sobrevivir con estos precios a menos que te cases con esa mujer?

Sentí ganas de estrangularlo con las servilletas, pero por suerte duró solo unos segundos. Saqué la American Express mientras mi padre recuperaba el aliento pidiendo otro Etiqueta Negra. A mi cuenta, por supuesto.

7

LA HERMANA DE TITA CUMPLIÓ dieciséis años y decidió celebrarlo por todo lo alto. Traje formal e invitaciones con letra dorada. Me compré un traje negro y un par zapatos, y le mandé la cuenta a mi padre para ver si lo mataba de un síncope. Solo sufrió una pequeña arritmia. Tita me regaló una corbata que, según ella, era el «no va más de lo último de lo último». A mí me pareció una interpretación literal de una indigestión con ostras, pero no le dije nada y me la puse para la ocasión.

A la fiesta acudió el congresista Rubirio Tortoza. Debía pasar los cincuenta y lucía uno de los bronceados más artificiales que he visto en mi vida. Esa noche llevaba un traje azul de gánster y lucía un anillo en la mano derecha con una piedra tornasolada del tamaño de una bola de golf. Era bastante ancho de espaldas y, de cerca, producía la misma impresión que debe producir un orangután de traje cruzado. Tenía a la madre de Tita agarrada por el hombro y parecía que trataba de convencerla de algo bastante repugnante a juzgar por la expresión de la augusta señora. El padre de Tita se reía a su lado agitando el mentón con el hoyuelo característico de la familia más marcado que nunca. ¿Sería producto de las muchas veces en que apoyaba allí el cañón de la pistola para meditar? Estuve a un tris de preguntárselo a Tita, pero no me pareció adecuado en el momento.

—Papi, mami, les presento a Bruno Manrique —saludó Tita, ignorando por completo al senador. Este empezó a salivar sobre el escote de mi *fiancé*.

—Así que usted es el futuro esposo de mi hija —se rio papá Ortiz.

—Eso dicen —respondí.

—Bueno, joven, hágalo rápido —aconsejó mamá Ortiz—. Mi hija es conocida mundialmente por su facilidad para cambiar de opinión con respecto a los hombres. Cuando menos se lo espere va a estar saliendo con otro.

—¡Mamá! —exclamó Tita, roja hasta la raíz del cabello y volviéndose hacia mí—. Yo jamás te haría nada parecido, Bruno.

—Eso dicen todas —acotó papá Ortiz—. Tu madre decía lo mismo. Tuve que raptarla a punta de pistola para se casase conmigo.

—Tuviste suerte de agarrarme algo bebida, José Alberto, porque si no, no me hubieras agarrado nunca.

—Pensé que el ebrio era yo.

—Bueno, creo que éramos los dos, por eso la boda fue tan agradable.

—Solo Moët Chandon por tres días —me dijo el viejo dándome un codazo cómplice.

—¿Si me caso con su hija la cosa va a ser igual? —pregunté.

Todos rieron, incluyendo al amigo Tortoza, que demostró poseer una dentadura tan auténtica como su bronceado. Aprovechó para presentarse solo. La mano que estrujaba el hombro de la señora Ortiz se desplazó hasta mi brazo y lo agarró como si le estuviese ejecutando un test de choque. Acercó su cara de escualo a mi oreja y me dedicó su mejor sonrisa. Derrochaba el carisma de un enema.

—Créame que he estado esperando mucho tiempo para conocerlo, Manrique —escupió—. He oído hablar mucho de usted.

—¿Intervinieron mi teléfono de nuevo, ah?

No le gustó mucho pero mantuvo su sonrisa como todo un profesional.

—¡Qué muchacho! Igualito que en su programa. Por cierto, esta mañana lo escuché y casi me da un infarto de la risa. ¿Todas las cosas que dice se las inventa usted?

—En realidad tengo a un duendecito de la radiodifusión que me lo sopla todo. Cuando viene gente al estudio lo escondo, para que crean que soy un geniazo.

Soltó una carcajada. Llevaba el cabello engominado y le brillaba con un desagradable resplandor verdoso.

—¡Es que no para! —exclamó, todo sonrisas—. La otra vez estaba hablando con unos amigos del Congreso y todos llegamos a la conclusión de que si los jóvenes políticos fueran como ustedes los muchachos de la farándula, nuestro partido arrasaba en las próximas elecciones.

—Si los jóvenes políticos fueran como yo me pegaría un tiro.

De nuevo la carcajada. Eso sí, sus ojos podían freír un bistec. Decidió dejarse de rodeos.

—¿Tanto le desagrada la política, Manrique?

—Desagrado, desagrado, no. Es más una cuestión de... ¿cómo le digo?

—¿Aplomo?

—Más bien de estómago. Con todas las cosas que lee uno en los periódicos sobre los políticos. Fugas en *jets* privados con maletas llenas de dólares, diputados sexagenarios acostándose con quinceañeras. No digo que esté malo, pero ¿tienen que filmarlo en video?

—No me lo diga —exclamó abrumado por la tragedia. Actuaba, por supuesto, pero había que otorgarle el mérito de la profesionalidad. Lee Strasberg se sacudía en su cripta—. Cuesta creer que todo esté tan podrido, ¿verdad? Uno se lo piensa dos veces antes de inmiscuirse en ese mundillo, pero está el pueblo, y alguien debe de luchar por sus derechos. ¿No es así?

—Supongo —la idea de Tortoza luchando por el pueblo me producía risa con escalofríos.

—Y supone bien. Ahora mismo estoy llevando a cabo una campaña de concientización a los jóvenes con respecto a las drogas. Esas porquerías están envenenando nuestras nuevas generaciones. Recibimos el apoyo de muchas instituciones y una de ellas es la Liga Cristiana Antidrogas, con la cual venimos trabajando desde hace muchos años. Y hace poco estaba hablando con su venerable presidenta, la hermana Rodríguez, y me dijo que lo había convencido de participar en una de sus campañas. ¿Es eso cierto?

No esperó mi respuesta.

—Porque me estaba preguntando —continuó—, si usted no estaría dispuesto a tener una relación aún más estrecha con esta noble causa. No solo limitarse a ser la voz del importante pero pequeño grupo de la señora Rodríguez, sino además servir de ejemplo a la juventud y proteger su ya vilipendiada profesión...

—¿Mi ya vilipendiada profesión?

—Siento decírselo, amigo Manrique, pero el mundo del espectáculo nunca ha sido muy limpio en lo referente a los excesos. Y ahora mucho menos. En nuestra lucha en contra de ese flagelo encontramos muchos enemigos en los sitios más diversos y lamento decirle que los medios de nuestro país están tan sucios de drogas como el más podrido de los retenes. Muchos comunicadores sociales importantes (y no sabe la tristeza que esto me produce) son adictos a las sustancias prohibidas y, lo que es peor, también la trafican.

—No puedo creerle —dije con expresión de franco abatimiento. Yo también era un profesional, qué carajo.

—Es duro, pero cierto. ¿Se imagina lo difícil que es luchar contra un problema que afecta a nuestra juventud cuando los ídolos de la misma forman parte de él e inclusive lo propician? Uno se siente como el pobre don Quijote cuando luchaba contra los molinos de viento. Por eso estaba pensando en usted.

–¡No me joda!

–¡Qué muchacho! Estaba pensando en usted como imagen de una campaña de concientización sobre las drogas que abarcara muchos más niveles que la que está llevando a cabo con la señora Rodríguez.

–¿Más niveles?

–Iríamos en contra de los que escondidos tras la máscara del éxito y la popularidad envenenan la mente de nuestra juventud y traicionan sus ideales. Imagíneselo, Manrique. Usted, un joven y prometedor comunicador social, que ha trabajo duro durante toda su vida y que ha sabido dar la cara ante las dificultades y las tentaciones. Que se graduó en la escuela superior y en la universidad, a pesar de que provenía de un medio de extracción baja. Un joven representativo de los sueños y aspiraciones de tantísimos otros en el país. El único, me atrevería a decir, con una imagen moral lo suficientemente fuerte como para dar la cara y acusar sin miedo y con firmeza a los colegas de su trabajo que desprestigian la profesión, día a día, cuando usan un micrófono o aparecen frente a las cámaras luego de probar la infame marihuana y extraviar su conciencia en las sendas de la cocaína. ¡Sí, Manrique, no puedo imaginarme a otro que pueda ayudarnos a llevar a cabo esta tarea de concientización y limpieza, tan ardua pero a la vez tan beneficiosa! Porque no estamos hablando de dinero o fama, meramente, Manrique, sino del futuro de Venezuela. ¡De la supervivencia de nuestro país en estos aciagos años que nos han tocado vivir y que debemos enfrentar si queremos erigirnos en el próximo e inminente siglo de pie y con orgullo!

Terminó de hablar con el rostro enrojecido y la mirada ligeramente extrañada. Se le veía que estaba acostumbrado a

que lo aplaudieran luego de lanzar esas parrafadas. Se volvió
hacía mí esperando respuesta. Durante un momento me lo
imaginé encabezando furiosas *razzias* contra los drogadictos y
se veía de maravilla con su bronceado de Hawaiian Tropic de
gimnasio, apagando cigarrillos en el ombligo de los yonquis.

—¿Qué le parece la idea? —preguntó exultante.

No supe qué decirle. Nadie jamás me había propues-
to el trabajo de soplón. No digo que no hubiese aceptado
proposiciones peores anteriormente, pero jamás en público
y sonriendo.

—Nada mal —contesté—, pero, verá, cuando estoy en una
fiesta pensar en negocios no se me da muy bien.

—Claro, no se mezcla el placer con los negocios. Muy
sabio. Da gusto oír a alguien de las nuevas generaciones
hablando de esa manera.

—Lo mismo digo —acotó el padre de Tita—. Pero creo
que el joven necesita un trago. ¿Dónde están los mesoneros?

—Eso —dije—. ¿Dónde están los mesoneros?

No aparecieron, así que fui por ellos. El bar estaba en
el jardín de atrás, cerca de la piscina. Víctor Hojilla estaba bebiendo daiquiris mientras contemplaba a la multitud.
Llevaba un elegante traje gris cruzado y pedía sus bebidas
de espaldas al barman con un despreocupado ademán de la
mano izquierda. Para quien no lo conociese parecía el ac-
cionista mayoritario de una compañía saludable. En cierto
sentido eso es lo que era.

—Mierda —saludé—. Últimamente dejan entrar aquí a
cualquiera.

—No insultes, papi, que me invitó la cumpleañera en
persona.

—¿Conoces a la hermana de Tita?

—No, pero nos pilló a la Manuela y a mí jugando a los
enamorados en el cine y no le quedó otra que invitarme.

—¿Viniste con Manuela? Pensé que se había traído a su media naranja.

—¿Rolando? Ese idiota viene acompañado de Magila Gorila y no se da ni cuenta. Según Manuela, la definición de estúpido del *Larousse* viene con una foto de él abajo. Además a Manuela le gustan estas cosas. Venir a una fiesta con el novio y el amante. La excita una barbaridad. Hace un rato hicimos el amor en uno de los baños. ¡La locura, viejo! Chillaba como una condenada. Tuve que ponerle una jodida toalla en la boca para que no nos oyeran. Mira que he probado carne en los sitios más raros y con las especies más diversas, pero tenía siglos que nadie me preparaba la comida con tanto esmero, querubín.

—De eso sale un libro.

—Cuando acabe con lo del jibareo mira que me lo pienso. Manuela se llevaría un capítulo de lo más gordo. Y si sigue así hasta se lo dedico.

—Por lo menos alguien se divierte.

—Ni te creas. A mi estas mierdas de la *high* lo que me dan es sueño.

Señalé la fiesta.

—¿Conoces a alguien?

—¿Yo? ¿Me vacilas, nene? Conozco a medio mundo —señaló con su daiquirí a una pareja de tórtolos que parecían sacados de una portada de Mirabella—. ¿Ves a ese de allí? ¿El que está con la nena de vestido negro? Me compra ácidos casi todos los fines de semana. Es todo un espectáculo. Su papá tiene una colección de Boteros y el tipo se pone a verlos cuando está hasta las narices. Los gorditos lo excitan, dice. Hace tres días me llamó a la casa y me dijo que estaba en una cabina cerca de una montaña, y que necesitaba que lo pasaran buscando, porque si no, las niñas se lo iban a comer. ¿Te lo puedes creer? Su novia no es ninguna santa, tampoco. Estoy seguro de que le vendí su primer paquete de perico. Si es la que digo debías haberla visto. Creía que estaba tratando con el Cartel de Cali. Se fue hasta La Victoria y me citó en un descampado, de lo más *Scarface*. La tipa se vino vestida con unos pantalones caqui y uno de esos chalecos de fotógrafo y parecía la jefa de un comando árabe. ¿Sabes cómo le decía a la coca? La cosa blanca. «¿Tienes la cosa blanca?», me preguntaba todo el tiempo. Comiquísimo. Estuve a punto de decirle que era de la DEA para ver qué cara ponía, pero al final me dio hasta lástima.

—Chico, la vida de los ricos y famosos.

—¿Y ves a ese pelirrojo? —le apuntó a un tipo de unos dos metros que llevaba un traje de estrella de rock de satén negro y unos lentes oscuros estilo *superfly*—. Se autodenomina el iniciador del retro de la heroína.

—¿Qué?

—Se la pasa levantando nenas con ese cuento. Es DJ en Beso Negro's y solo pone remix de los setenta. Puro disco con veneno. Es para partirse de la risa. Se *queda en el aparato* y la gente se da cuenta porque pone *Riders in the Storm* y la deja durante una hora. Los tipos que trabajan allí lo sacan, lo meten en un taxi y lo dejan en su casa, apoyado en la jodida puerta. Una vez estuvo allí toda la noche y lo descubrió el mucamo cuando salió a comprar el periódico a la mañana siguiente. Comiquísimo, viejo. El negro va y abre la puerta para ir al kiosco y le cae el pana, frío como un muerto, con los ojos en blanco, cantando *Riders in the Storm* muy mal, supongo. ¿Quieres oír lo más cómico? La familia lo mandó a desintoxicarse después de hacer la misma gracia durante el baile de graduación de su hermana. Todo el mundo sabía que era un yonqui de mierda y todas esas indiscreciones, el hijito excéntrico y tal, pero de allí a hacerlo frente a los amiguitos de la hermana... ¡La noche en que se nos gradúa la odontóloga...! Bueno. A mamá casi le da un infarto. Pero no lo metieron en los hogares CREA. ¿Fabricar canastas y olerle la mierda a los compañeros de cuarto? Eso no es para nuestro Eduardito. Lo mandaron a Jamaica, a una clínica de desintoxicación súper *cool*, usada hasta por los Rolling Stones. Dos meses viendo el mar, tirando con enfermeras de piel canela y enchufado a una botella de sangre nueva para hacerte el cambio de aceite completo. Mejor que un *resort*, nene.

—¡Mi madre!

—Esta joyita te va encantar. ¿Ves a esa muchacha de allí, la que está sentada en aquella mesa?

Esta vez se trataba de una pieza de colección. Rostro renacentista, hermosas piernas torneadas. Estaba sentada erguidamente y contemplaba su vaso de jugo de kiwi con ron. Sus ojos parecían estar sumergidos en el líquido, perdida en sueños de plácido verde donde la brisa siempre era fresca y el sol calentaba lo adecuado.

—Este es un caso que tienes que ver en persona —dijo Hojilla.

Nos sentamos a su lado. Tardó un buen rato en darse cuenta de que estábamos allí. Su mirada se posó en Víctor y luego en mí. Sus ojos eran de un verde sobrenatural. Uno tenía la impresión de que si los veía durante mucho tiempo acabaría convertido en cenizas.

—¿Te gusta el kiwi? —me preguntó.

Detrás de ella, Víctor reprimió una sonrisa.

—Tiene buen sabor —contesté.

—Pero el color. ¿Sabes el color?

—Es verde.

—El color es mágico. Yo lo veo y es como si lo hubiesen traído de otro planeta. *No es natural.*

No se me ocurrió nada que decir.

—Yo podría pasarme todo el día viendo este color —dijo ella, sumergida en el éxtasis.

—¿Y qué tal el sabor? —pregunté, sintiéndome el ser más obtuso del planeta— ¿Te gusta el sabor?

Me miró de reojo.

—¿Y a quién le importa el sabor del kiwi? —respondió y volvió a dirigir su atención al vaso.

Víctor me hizo señas para volver al bar.

—Qué conversación, ¿eh?

—¿Conversación? —pregunté— ¿De qué capítulo de *Dimensión Desconocida*?

—Ella es la *Dimensión Desconocida*. Se llama María Encarnación. Se metió una sobredosis de algo y la internaron en una clínica de desintoxicación. Desafortunadamente para ella no era tan buena como la del pelirrojo. En la clínica se equivocaron con los medicamentos y la mandaron a la luna en el Apollo 100. Cuando la sacaron de allí parecía el tío Lucas. Estudia Arte en la universidad, creo. Desde hace como ocho años. ¿No es bella?

Su familia está forrada en dólares. Ella es completamente autónoma e inofensiva. Dale un vaso con algo colorido y es como si la metieras en Disneylandia. Deberías ver cómo tripea con el jugo de mandarina.

—¿Tú le vendías?

—¿Yo? ¿Estás loco? Soy un profesional. No ando regalándoles pastillas a niñitas bobas. Aunque creo que le vendí un par de cosas al que era novio de ella. Un conocido tuyo. Toño.

—¿Toño salía con ella? Eso explica varias vainas.

—Tú lo has dicho. Cada vez que los veía juntos me reía y decía: es verdad que las drogas hacen daño. Daba lástima ver semejante ejemplar perdiendo el tiempo con ese tipo. ¿Qué coño se hizo en el pelo? No me extraña que la pobre haya acabado de esa forma. Supongo que estaba medio tolola para salir con semejante adefesio.

—El amor es ciego.

—Oligofrénico es lo que es. El tipo era sencillamente odioso.

—¿No me digas que Toño se mete coca? Ahora está haciéndole campaña a un diputado de lo más simpático.

—¿Tortoza?

—¿Lo conoces?

—¿Y quién no? El *Corn Flakes* viene con tazos de él. Un tipo con riñones. Hacer campañas antidrogas con semejante familia...

—¿Qué pasa con su familia?

—Solo te puedo decir que su hija me ayudó a pagar los giros del Mazda.

—Víctor, ¿existe alguien a quien no le vendas nada?

—¿En este país?

—Sin comentarios. ¿Quién es la hija de Tortoza? ¿Vino esta noche?

—Ni por asomo. Tengo entendido que su papi la manda a Miami cada vez que hay elecciones, no vaya a ser que ponga la cómica cerca de un periodista. Debiste haber escuchado de ella hace un par de años. Los muchachitos ricos que agarraron en el ferry.

—¿Ella era uno de los del ferry?

—Fue la única que no se tiró por la borda cuando llegaron los de la GN. Por lo tanto no apareció frente a las cámaras cuando los sacaron del agua y se los llevaron al cuartel. Tengo entendido que Tortoza movió todas sus influencias para sacarla de allí en la noche y montarla en un *jet* a Aruba. También tengo entendido que no fue nada fácil. Llevaban al menos un cuarto de kilo, casi sin cortar, de pura crema.

—No recuerdo muy bien lo que pasó. Sé que los pillaron en el ferry con toda la mercancía y se tiraron al agua cuando llegó la GN, pero el cuento era aún más demente.

—Los muy idiotas alquilaron un camarote y comenzaron a meterse risca y a tirar, y uno de los imbéciles viene y agarra una sobredosis y le da por salir del camarote a vomitar, desnudo, frente a quinientos pasajeros clase media, con sus esposas gorditas y sus hijitos del San Ignacio, que están viendo los jodidos delfines. ¿Te lo puedes creer? Por supuesto, todo el mundo se queja con la tripulación, que llama a las autoridades para que esperen a los espontáneos en el puerto y los encierren. Los muchachos se asustan y están tan enloquecidos que se les ocurre la brillante idea de saltar del barco antes de que atraque para evitar a los tombos. Así que tienes a cinco muchachitos de la *high*, con un cuarto de kilo de crema en los pulmones y semidesnudos, saltando del maldito ferry y ahogándose como unos idiotas. A uno casi que lo agarran las propelas y lo vuelven hamburguesa.

—¿Y la hija de Tortoza?

—Está hasta el culo pero es tan avispada como su papi, el senador. Se queda tranquilamente en el camarote, se pone algo decente encima, agarra un celular y llama a papá para decirle que está en un ferry, drogada, y esperando a que se asome el primer GN y se la lleve a declarar. Cosa que sucede unos veinte o treinta minutos después, tiempo en el cual Tortoza ha llamado hasta a Dios, que le dice que no se preocupe y compre un par de pasajes, ya, a Aruba. Lo demás, lo que te dije. La tipa sale por detrás, jamás aparece frente a las cámaras, y pasa el fin de semana en Aruba, echándose Coppertone en el culo y bebiendo piñas coladas.

—Mira tú a Tortoza. Tan decente...

—¿Qué esperabas, Bruno? ¡El hijo de puta es un senador!

8

EN ALGÚN MOMENTO DE LA NOCHE, Manuela me arrinconó contra una bandeja de albondiguillas rojas que parecían sacadas de un experimento secreto de El Pentágono. Sus labios se curvaban en una sonrisa alcoholizada y lujuriosa y tenían un color muy parecido al de las albondiguillas.

−No me has dado las buenas noches −murmuró, con una dicción digna de una cabaretera.

−Es que todavía no me voy a dormir, querida −respondí.

−Siempre me han gustado los hombres graciosos e inteligentes.

−¿No tienes la impresión de que esta conversación la hemos tenido antes?

−Pues sí, pero quiero ver si esta vez funciona.

−No quiero sonar pedante, pero creo que no va a ser así.

−¿Por qué eres tan pesimista? Apenas comenzamos.

−Define comenzar.

−Yo te seduzco y lo hacemos en el baño, ahora.

−No creo que eso le guste mucho a Tita.

−Ya lo hablé con ella. Me dijo que mientras no nos enamoremos todo está bien.

−¿Va a ser solo sexo? Entonces no puedo.

−¡Por Dios, Bruno, por qué tienes que ser tan duro

conmigo! Conozco a un montón de tipos que darían un brazo por acostarse conmigo.

–No sabía que te gustaban los incapacitados, amor mío. ¿Quieres un trago?

–Te quiero a ti, ahora, en este preciso instante.

–Lo siento, pero no vengo en botellas.

–Bruno, ¿qué quieres que haga? ¿Que te pague? Tengo cien mil en la cartera. Serán tuyos por un polvo.

–Con eso no alcanza ni para los preliminares.

–Está bien, cien mil y una mamadita. ¿Te parece? Solo te agachas y me la chupas.

–Ni los pantalones que llevo valen cien mil machacantes, Manuela. Con el doble de ese dinero pago la tintorería.

–¿Y si me metes el dedo? Tita habla maravillas de tu dedo. Cincuenta mil bolívares por un dedo me parece un buen precio.

–Ok, trato hecho. Pero me lo devuelves antes de que me vaya, ¿ok?

–Eres sencillamente imposible, querido.

Me lanzó un beso como si lo escupiera y se fue moviendo su trasero *king size*. Volví al bar y pedí un martini doble. Tita estaba sentada en una mesa, viéndome y sonriendo.

–¿Qué es tan gracioso? –pregunté, sentándome a su lado.

–La manera como defiendes tu fidelidad.

–Sigue riendo, nena. Un día de estos no voy a ser tan bueno y sucumbiré ante los encantos de la primera quinceañera que se arroje en mis brazos.

–Mientras no sea Manuela, por mí perfecto. Hice una apuesta con ella a que no podía seducirte.

–¿De cuánto fue la apuesta?

–Medio millón.

–Es dinero en el banco si vamos mitad y mitad.

–Hecho. ¿Estás seguro de que no te gusta ni un poquitín?

—Ni un pelo. Además, ella solo me da cincuenta mil por un polvo y tú medio millón.

—Oh, Bruno, entonces es cierto lo que dicen sobre ti. Solo sales conmigo por mi dinero.

—El que dijo esa estupidez no te ha visto con esas pantaletas de satén negro que compraste en el Victoria's Secret de Nueva York.

—Chico, cuando dices esas cosas me pones *taaaan* mojada.

La besé en la boca. Su lengua tenía el agradable sabor de una inversión segura.

9

APAGARON LAS VELAS a la medianoche.

En algún momento del *Happy Birthday*, Manuela se las ingenió para pararse detrás de mí y pellizcarme una nalga.

10

EL TELÉFONO REPICÓ a las cuatro y treinta y dos de la madrugada. No digo que estuviese en ese sueño que me gusta tanto, con Cindy Crawford, pero igual no me hizo la menor gracia.

—¿Quién coño? —gruñí.

—¡Hijo mío! —exclamó mi padre, excitado.

—Papá, ¿se puede saber por qué carajos siempre llamas a esta hora de la madrugada? ¿Te cobran la tarifa más barata?

—No seas cruel, Bruno, lo que pasa es que se me ocurren las ideas más geniales en los momentos más raros y no me doy cuenta. ¿Es muy tarde?

—Qué va, si es tempranísimo. Dentro de poco iba a levantarme a darle de comer a las gallinas.

—¡Olvida eso! —continuó mi padre, frenético—. Ya encontré la solución a tu problema con la Ortiz.

—¿Cuál problema? No tengo ningún problema con la Ortiz.

—¿Estás en su casa, comiéndole el coño y disfrutando de los cincuenta y dele de millones de dólares que tiene en esa cuenta en Suiza? No, ¿verdad? Entonces tienes un problema con ella, nene.

—Mi único problema eres tú. Sigues vivo y no dejas de joderme.

—Pues eso se acabó desde ahora, chiquitín. Tengo la solución a todo. Chantajéala.

—¿Qué?

—Que la chantajees. No ha de ser muy complicado.

—Estás bebido, ¿no? Se te pasó la mano con el *Johnny Walker*.

—Estoy sobrio, hijo, súper sobrio. Me metí unas pepas que me recetó el psiquiatra hace un par de horas, pero son unos antidepresivos, así que estoy que valgo cien millones.

—¿Cuántas te dijeron que te tomaras?

—¿Las píldoras? Dos, ¿por qué?

—Tómate quince más y me llamas en media hora, ¿te parece?

—¡Pero bueno, Bruno! ¿Quién te entiende? Te llamo con la solución a todos tus problemas y me vienes con esas.

—Papá, si grabo esto y lo mando a tu doctor, pasado mañana amaneces en un frenopático desayunándote con fenobarbitales. Ni siquiera puedo creer que estemos teniendo esta conversación.

—Pues a mí me parece una idea genial, chico. Lo único que tienes que hacer es tomarle unas fotos haciendo algo malo como, no sé, fumándose un *joint* o metiéndose *crack*, y amenazarla con que si no se casa contigo mandas tres copias a sus padres y, ¡cataplúm!, santo remedio. Si no acepta con eso, pues vamos para plan B, el cual ya te he explicado, ¿recuerdas? Es el de dejarla embarazada...

—Está decidido, viejo, mañana hablo con unos colombianos y te mando a matar.

—Bueno, a mí también me molesta un pelo convertirme en abuelo, siendo como soy un muchacho de cuarenta y tantos...

—Papá, tienes cincuenta y cinco.

—Lo que sea, pero esos dólares bien valen la inversión, ¿no?

Suspiré. Iba a decir algo insultante pero decidí darle la satisfacción de la última palabra y corté. Dejé el auricular sobre la mesa de noche y me volví a la cama. El prometedor cuerpo de Manuela ocupaba al menos las tres cuartas partes de la superficie disponible. Me di cuenta de que estaba despierta porque no roncaba.

—¿Era Tita? —murmuró.

—No. Solo las sombras de mi pasado.

—Hay que ver que eres profundo, Bruno.

—Eso dicen.

—Me hubiese muerto si Tita averigua lo de nosotros. No podría verle la cara más nunca.

—Eso no fue lo que dijiste hace tres horas.

—La seducción y la hipocresía son compañeras de guerra.

—¿Giacomo Casanova?

—Una *Cosmopolitan* vieja en la peluquería. Un número maravilloso, venía con un artículo sobre el *Kamasutra* que te cagas. Aunque la mitad de las cosas que decía yo ya las había hecho en el bachillerato, cuando practicaba gimnasia. ¿Quieres ver?

Levantó la pierna derecha hasta formar un ángulo de noventa grados con respecto a la cama.

—Estoy medio fuera de práctica porque no voy al gimnasio desde hace un mes, pero podemos hacer la prueba.

La hicimos. No es que clasificara para los olímpicos pero ni falta que le hacía.

11

VENEZUELA GRÁFICA SE DEJÓ DE APROXIMACIONES y fijó la fecha de mi matrimonio con Tita para diciembre de este año. Esta vez abandonaron la posibilidad del evento íntimo y subieron el costo hasta los sesenta millones. Incluyeron una banda de músicos afrocaribeños (según ellos, a Tita le fascinaba todo lo tropical), un coro municipal cantando piezas de Handel en la iglesia y a un reconocido actor de telenovelas que iba a fungir de padrino. Dos canales se estaban peleando por los derechos para filmar la boda y la lista de invitados incluía a un par de embajadores, tres alcaldes, dos gobernadores, el presidente de la República y el mismísimo Julio Iglesias. Únicamente faltaban Marlon Brando y el Circo de Moscú, pero al parecer ya recibirían sus invitaciones. *Venezuela Gráfica* no tenía, aún, detalles sobre el tipo de comida a servirse en la recepción pero sus arrojados periodistas estaban trabajando en ello.

Hilda me pasó el cuerpo de sociales.

—Esto está mucho mejor, querido —dijo.

Francamente dudaba que los muchachos de sociales pudieran alcanzar las cuotas de imaginación de *Venezuela Gráfica*. En principio se llevaron dos páginas a cuerpo completo sobre el cumpleaños de la hermana de Tita. Las fotos no eran malas, pero en las tres que aparecí la iluminación me hacía parecer un refugiado bosnio. Una era con Tita, otra con sus padres y la tercera (y más grande) con el senador Tortoza. El texto abajo decía:

Bruno Manrique y el senador Rubirio Tortoza disfrutan de la agradable celebración entre risas y buen humor. La amistad de estos dos populares personajes del mundo del espectáculo y la política es ya un hecho conocido que solo promete lo mejor para la sociedad y el país.

—Mierda —dije. Fue lo único que se me ocurrió para definir aquello.

—Y aún hay más, Brunito —dijo Hilda pasándome un sobre de manila dirigido a mi nombre—. Esto me llegó esta mañana, durante el programa, de la oficina de Tortoza. El tipo que lo trajo olía a naftalina y era igualito los tipos esos que torturaban gente en Haití.

—¿Los *Tonton Macoutes*? Esos usaban uniforme.

—Bueno, este era igualito a los que no lo usaban. Tenías que haberle visto el nudo de la corbata. Era del tamaño de una nectarina.

—Ay.

—Y quería que lo abrieras durante la transmisión. Casi me muero cuando me lo dijo.

Abrí el sobre. Contenía una foto enorme del licenciado Tortoza, en pose de campaña. Estaba bien hecha, pero el senador seguía teniendo el *charme* de un modelo de pelucas. La foto llevaba una dedicatoria en tinta roja que ocupaba toda la esquina inferior derecha.

Para Bruno Manrique. Porque todavía quedamos algunos que nos preocupamos por el país. Con aprecio, de su amigo, senador Rubirio Tortoza

–Tendría que decir mierda, pero creo que ya es tácito.

–¿Qué le hiciste en esa fiesta? –preguntó Hilda–. He recibido tres llamadas de su oficina durante esta mañana, invitándote para que vayas a almorzar con él. Mandaron cuatro mensajes anteayer y acabo de hablar con su secretaria ejecutiva para que seas uno de sus invitados especiales a su discurso en el Hotel Concorde, en Margarita. La última vez que vi semejante acoso fue con un tipo que conocí en Hooligans al que le hice una *fellattio* en su Toyota.

–No sabía que hicieras *fellatios*.

–Esa es otra historia, queridito. El caso es que este sujeto te adora.

–¿Acaso no lo hacen todos?

–Qué ego, nene.

–Solo estoy siendo objetivo, Hilda. Pero cambiemos de tema: ¿cómo fue eso de la *fellatio*?

–Como son todas las *fellatios*. Agarras al tipo, le besas la barriguita, bajas la bragueta y, si el sujeto es razonablemente sano, te encuentras con que lo tiene levantado y esperando.

–Ese sería un buen segmento: «Levantado y esperando». Arrasaríamos con todos los *ratings*.

–¡Bueno, no sé los demás, pero yo sí que arrasé con su *rating*! Me estuvo llamando al trabajo toda la semana.

–¿Seguiste saliendo con él?

–¿Para qué? Es como los cambures. Una vez que te lo comes ya no necesitas la cáscara, ¿no?

–Eso sonó *heavy*. Excitante, pero *heavy*.

–La vida es *heavy*, Brunito. Incluso la tuya. Hoy recibí una llamada del mismísimo presidente de la estación. La cadena tiene planes para ti.

–¿Me van a lanzar internacionalmente?

–No.

–¿Paty Manterola viene de gira y quieren que la acompañe?

–No.

–¿Qué quieren, coño? ¿Que done sangre otra vez?

–Caliente, caliente. Quieren que animes el próximo concierto de la playa. El Macro. El de la isla. Van a venir hasta Los Cotorras a tocar.

–Guaooo. Los Cotorras. No puedo aguantar la emoción. Los Cotorras han sido mi grupo favorito desde, no sé, nunca. Son una especie de Bob Marley pero sampleado y en ¿qué es eso que hablan? Ajá, paraguayo.

–Y lo mejor es que no vas a estar solo en la tarima. Toño va a ser tu compañero.

–¿Toño? Pero, bueno, ¿qué pasa hoy?, ¿conjunción de imbéciles? Primero Tortoza y ahora Toño. Debe ser el día mundial de los desangelados.

–¿Los qué?

–Dícese de los carentes de ángel (del escénico, se entiende) –aclaré.

–Lo que sea. El presi quiere que hoy comamos todos juntos para hablarnos del asunto. Me dijo que Toño está entusiasmadísimo.

–Claro –dije, sin saber lo que me esperaba. Pensé en mi multitudinario futuro, tal vez en sexo, y vete tú a saber qué más–. Claro que se entusiasma –continué–. Va a aparecer de nuevo en primera plana. Como cuando le tomaron aquella foto sin pantalones en El Maní.

Hilda sonrió. El chicle se debatía entre sus dientes como una llamarada con sabor a cambur en el infierno.

12

LLEGAR A LA ISLA SE CONVIRTIÓ en una especie de alucinación carnavalesca en la que entendí, nuevamente, que la especie humana iba a llegar al 2000 por los pelos. Y lo digo solo porque empezó bien: Tita se ofreció a llevarme en el *jet* de la familia, que su padre nos prestaría encantado. Mis ilusiones de hacerle el amor a más de mil metros del suelo y en velocidad crucero se fueron a pique cuando los de la emisora me dijeron que debía viajar con Toño. «Razones de propaganda», arguyeron. Recordé las palabras de Hilda: la vida es *heavy*. ¿A qué religión pertenecería esa frase?, ¿al *Hard Zen*? En todo caso era cierta. Toño parecía aumentar su grado de repelencia con la misma velocidad con la que se elevaba el *Airbus* de Viasa.

Tita me llevó al aeropuerto y, antes de partir, me regaló un frasco de Rozac, que su madre, veterana paciente psiquiátrica, aconsejaba con fervor. Según Tita, y cito palabras textuales, el fármaco me haría «dormir durante el viaje y recordarla». Admito que la razón del regalo me confundió un tanto. ¿Era un símbolo de que su amor por mí era como una droga? Esa opción era en particular excitante. Ameritaba o de una malicia acelerada o de una ingenuidad peligrosa, igualmente inescrutables en el rostro aniñado, de portadita de *VOGUE* en la edición primavera de tus quince años, de Tita. Cuando me dio el Rozac sonreía, con el frasco de pastillas cobijado en sus manos, apoyadas sobre su duro abdomen que, me constaba, leyendo algunas facturas del *Spa* que Tita guardaba como si fueran las notas de su diario dentro de una caja de música, le había costado unos buenos melones al señor Ortiz padre. El resultado de toda esa inversión, es decir, Tita Ortiz, de la que no me acuerdo, el amor de mi vida, me tendía un frasco de alquimia contemporánea *heavy shit* y lo hacía con *encanto*, como esas tipas que aparecen en los concursos de televisión a punto de develar el gran premio tras la cortina. Era extraño pero tenía que ser bueno. A fin de cuentas se podía esperar cualquier cosa de alguien con los genes de su padre, el cuasi suicida reflexivo. Recordé las píldoras en mi chaqueta a mitad del vuelo, 30 minutos y dos vodkas después del despegue. Toño se había hecho primero el dormido y después el mareado. Había vomitado en la consabida bolsa para ese propósito de los aviones para después hacer subsecuentes viajes al baño y, en privado, vomitar e ingerir selectas cantidades de pepas almacenadas en un bolso de viaje negro, envidia de la despensas de la DEA. En su último y nauseabundo peregrinar al baño, Toño había ingerido la combinación correcta de pepas o, al menos, acertado con la selección menos revulsiva porque su convulsionado físico se calmó notablemente. Aunque llegó tambaleándose desde el fondo del avión, se sentó a mi lado con relativo equilibrio. Justo en ese momento recordé el Rozac que Tita me había regalado. Toño se volvió hacia mí y sus ojos, detrás de su despeinado copete, me miraron con una mezcla de dolor, rabia y poquísimo colirio.

—Todo es esto es tu culpa —dijo.

Se trataba del comienzo de un agresivo monólogo en mi contra que se avecinaba muy amargo y que no me apeteció en lo más mínimo escuchar. Me paré rápidamente y fui hasta el baño. Me tragué tres Rozac. Los bajé de un solo golpe con el agua del lavamanos y cuando salí de allí, positivamente perplejo y en extremo extraviado, una de las azafatas me pidió un autógrafo y me acompañó a mi asiento. A medida que caminábamos por el pasillo (yo hablándole a la azafata, ella sonriéndome hasta la ingravidez) noté que nuestros miembros se distendían y que parecíamos flotar. Era una situación extraña y erótica a la vez. Comprendí que ya no estábamos en la tierra (de hecho estábamos a kilómetros de ella), entendí que, mientras conversábamos, nuestros cuerpos se desplazaban a increíbles velocidades y, por lo tanto, estábamos sujetos a diferentes y nuevas lógicas que las de la Tierra.

No pude evitar sonreírle a Toño. Tenía el aspecto de donador de riñón estable. Su cara empeoró de súbito cuando la azafata acomodó un cojín en mi cabeza. Toño esperó a que se fuera para recomenzar el monólogo, pero ya era demasiado tarde. Descubrí, maravillado, de improviso, por qué Tita me había regalado el Rozac. Los laboratorios que lo fabricaban debían de estar orgullosos (y multimillonarios también). Me consideré otro cliente satisfecho. La realidad se convirtió en la serie más *rankeada* en la TV de la existencia humana.

Los siguientes treinta minutos, hasta que el avión inició el aterrizaje, transcurrieron en una alucinación de tiempo indefinido en la que Tita mordía mi oreja, a la vez que se las arreglaba para chillar que no me fuera ahora. La consistencia del *trip* era tan perfecta que la presencia de Toño pareció ser borrada por obra y gracia divina del dios Rozac, señor de la emotividad química y el escape a través de las sustancias sintetizadas. Tita dejó de chillar cuando la azafata me despertó anunciándonos el arribo. Me puse el cinturón de seguridad y de reojo me percaté de que Toño, embobado, miraba por la ventana el terminal del aeropuerto. Ya podíamos ver la muchedumbre en tierra. La emisora había arreglado una llegada combinada de al menos tres grupos y, como aquello no era Las Vegas y no era cosa que se viera todos los días, la conmoción era memorable. La mitad de la isla ocupaba los alrededores del aeropuerto con el objetivo misterioso, humano y mercadeable de conocer a una celebridad. La repentina explosión de la demografía fanática no pareció agradarle en lo más mínimo a Toño. Su cara era el retrato congelado del miedo, en caso de que el miedo llevase un espantoso copete despeinado y fuese un DJ con arcadas. Por lo que yo sabía, Toño jamás había hecho una presentación en vivo.

—Toda esa gente —dije— esperando vernos cometer un error.

—Hijo de puta —escupió, sin despegar los ojos de la ventana.

Se volvió durante un segundo y me miró febrilmente. Luego sacó un frasco de cápsulas rojas; el pote no llevaba marca y estaba etiquetado con un papel pegado con celoteip y tipiado a máquina. Tomó dos de esas sin agua, con un movimiento del brazo izquierdo de campeón olímpico en la ingestión sucesiva de drogas legales duras. Pareció tragar brasas encendidas. El avión aterrizó mientras Toño se agitaba a mi lado como una cafetera recalentada. Las azafatas apenas terminaron de abrir las puertas cuando Toño saltó sobre mis piernas y aterrizó en la alfombra azul eléctrico del pasillo del *Airbus*. Parecía muy capaz de completar un triatlón en los primeros puestos.

—¡Yo no cometo errores! —susurró triunfal y, corriendo, esquivó los pocos pasajeros que empezaban a levantarse rumbo a las salidas.

Afuera del avión nos esperaba una pequeña comitiva de bienvenida liderizada por un pelotón de periodistas. Toño abrió la puerta empujando aeromozas y estiró su pierna con fuerza arrolladora, como dando el primer paso sobre la luna.

No pisó la luna, claro, ni ninguna otra superficie disponible. La escalera de desembarco estaba todavía a tres metros del avión. Las azafatas lograron agarrarlo antes de que cayera y hasta el más quedado de los fotógrafos que cubrían el evento aquel día tomó una instantánea memorable.

Cuando por fin la escalera se hubo acoplado, Toño, con una máscara estoica y feliz provista por la bioquímica contemporánea, exclamó:

—¡Qué emoción!

Después, como para comprobarlo, resbaló en el segundo escalón elevándose seis metros a través del aire (según pude ver después en las sucesivas repeticiones televisivas), sin el menor esbozo de gracia.

Mi puesto se encontraba al otro lado del avión y solo pude oír —bueno, todos lo oyeron— cuando se estrelló contra las relampagueantes cámaras que lo captaban para la posteridad.

13

SALÍ POR DETRÁS Y ME DIRIGÍ velozmente hacia la terminal. Tenía ganas de acomodarme un poco en sus baños. Mi rostro, pensé, debía verse como una propaganda ambulante de pastillas. Mientras rodeaba la multitud formada alrededor de los restos caídos de Toño, pude escuchar sus quejidos. Insistía en que todo estaba bien, que podía llegar por sus propios pasos a la terminal. Alguien dijo que llamaran a una ambulancia. Toño insistió, de nuevo, en que de verdad todo estaba bien. El mismo alguien aclaró que la ambulancia no era para Toño, sino para el desafortunado fotoperiodista que había recibido la pesada humanidad del DJ y de cuyo pecho habían extraído el culo (del DJ, se entiende).

Entré en el edificio. Mis sentidos, dotados de poderes emitidos por el *Rozac-regalo-de-Tita*, me condujeron directamente a un baño discreto y amplio. En sus espejos comprobé, sorprendido, que me veía fresco como una lechuga. Meé largamente y me lavé las manos. Minutos después salí a buscar mi maleta y encontrarme con mi transporte al hotel. Los primeros periodistas que dieron conmigo solo me tomaron algunas fotos e hicieron preguntas cortas, rápidas. La mayoría de ellos seguían riéndose de Toño.

Mientras contestaba me di cuenta de que no sabía la hora. La terminal carecía de relojes y mis neuronas empapadas de Rozac no recordaban como lucía la realidad desde hacía treinta minutos. Pregunté la hora casualmente.

—Tres y media, Bruno —gritó con jovialidad un sujeto, que aprovechó la ocasión para retratar mi confusa inexpresividad con una Cannon nuevecita.

¿Tres y media de qué? Supuse que de la tarde. Alguien en la salida, cubierta de papel ahumado y cemento, levantaba un cartelón con mi nombre. Los de la emisora me habían asignado un chofer. Era un tipo morenito y bajo, vestido de blanco. Lo alcancé en unos segundos.

—Hola —dije.

—La voz le suena igualito que en la radio, señor Manrique —me saludó.

Agarró mi maleta y comenzó a caminar. Yo fui tras él. Nos topamos con un segundo grupo de periodistas. Nuevamente preguntas. Esta vez, con un poco más de «tabloidetilina».

—¿Por qué no te hemos visto a la salida del avión, Bruno? —preguntó un tipo que sujetaba su micrófono como un arma blanca.

—Estaban todos ocupados viendo cómo Toño rompía el récord de salto alto —dije, poniendo mi mejor mueca Jack Nicholson.

Risotada general. Pregunté cómo estaba el fotoperiodista abatido.

—Tenía la cara morada —me explicó un colega—, pero el médico dijo que no se iba a morir.

Más risotadas. El chofer y yo aprovechamos el buen humor para alejarnos. Le pregunté su nombre.

—Mi nombre es Francis Bacon —dijo sin volverse—. Póngase sus lentes oscuros.

Algo en su nombre no me cuadró, pero lo obedecí sin chistar. Inmediatamente después cruzamos las puertas de cristal ahumado y salimos al exterior. En efecto, eran las tres y media de la tarde y habían esperado a que saliéramos para detonar una bomba atómica. Caminamos en medio del resplandor vespertino hasta un Lada blanco. La luz tenía el jodido peso de un piano. La sombra en el interior del auto apaciguaba el resplandor, casi quemazón, pero la temperatura seguía manteniéndose a niveles luciferinos. Me desabotoné la camisa con la torpeza de un pavo horneado.

–Qué calor –dije. Mis palabras se incineraron en el aire.

El conductor me vio durante un momento y encendió el aire acondicionado.

–La voz le suena igualita que en la radio –repitió, como si en verdad lo creyese.

14

EL ESTACIONAMIENTO DEL AEROPUERTO estaba lleno de fans y cámaras. Los Cotorras llegaban dentro de quince minutos y la histeria era colectiva. El chofer esquivó una muchedumbre de *teens* bronceados y alcanzó la autopista. El mar brillaba con incandescencia eléctrica detrás de los *jets*. Pasamos curvas y atravesamos cerros. De allí en adelante el viaje se convirtió en una sucesión de descampados dispuestos rítmicamente en torno a la vía. Una muchacha rubia y roja tomaba el sol sobre un Jeep y oía radio. Sonaban, por supuesto, Los Cotorras. Reconocí como mía la voz del locutor que los anunciaba y sonreí. En algún momento comenzaron a escasear los descampados y aparecieron las soluciones socioturísticas. Vecindarios suburbiales de documental del Ministerio de Turismo. De improviso: tiendas. Habíamos llegado a la capital de la isla.

Los grandes hoteles quedaban a la orilla del mar. El resto era turismo 4 estrellas en vías de desarrollo, *shoppings malls*, *family centers* y demás términos anglosajones con puerto libre a 38 grados a la sombra. Mucho cemento. En toda vitrina, expositorio o tenderete un afiche del concierto. Los Cotorras retratados en todas partes, su música saliendo de todos los televisores a mitad de precio, de todos los equipos de sonido en oferta y de cada uno de los puestos de *cassettes* piratas. Algunas veces presentados por mí, según pude escuchar.

—Hay excitación por el concierto, ¿no? —dije.

—No había visto nada parecido desde el 68, jefe —opinó el chofer. Encendió un cigarrillo y aumentó el aire acondicionado—. Este año han llegado turistas de todos lados. Suecos, portugueses, chinos, alemanes, africanos, de donde usted quiera. Desde que legalizaron los casinos, aquí ha venido gente hasta de Arabia Saudita, y no para hacer negocio sino para gastar billete —hizo una pausa para retomar el nudo del asunto—. El juego lo legalizaron será cosa de siete años, así que uno debería estar medio acostumbrado al gentío, pero le digo, jamás de los jamases este pedazo de isla se ha llenado de tanta gente. Parece que salieran de la tierra.

—¿Y es por el concierto?

—Por el fastidio, digo yo —respondió, soltando una nube de humo—. Gente que no tiene nada que hacer y se viene para acá. ¡Porque hay que estar bien fastidiado para venirse a pasar las vacaciones a este infierno, mi hermano! El otro día, nomás por el calor, voló un oleoducto en la costa y siete finlandeses que estaban acampados al lado salieron volando friticos como un primer plato. ¡Nomás por el calor, mano! —puso el aire acondicionado al máximo y sonrió. A él no lo iba a joder el calor—. Estaba leyendo esta mañana en la prensa, que setenta italianos (¡italianos! ¿Puede usted creerlo?) se indigestaron comiendo pasapalos en la playa. ¿Setenta personas poniéndose de acuerdo para indigestarse al mismo tiempo? —bufó—. Mire que mi cuñado tiene un puesto de comida en la playa y los italianos son simpaticones, pero es que hay que ser idiota para comerse algo allí que no se haya traído directo de la cocina de su casa —nueva pausa. Pareció llegar a una conclusión mientras se quitaba un poco de ceniza del hombro de su camisa blanca—. ¿Sabe lo peor? Lo peor es que siguen llegando. Se hacen los locos. No se enteran de lo que está pasando aunque se lo pongan en la TV. Ahora es peor, porque hasta gente que no debería venir para acá también se viene.

—¿Perdón?

—Bueno, lo que le digo. Termina viniendo tanta gente, que aquí llega hasta quien no debería llegar. Allí tiene usted el caso de su compañero, si me perdona la confianza...

—Por favor.

—Gracias. Su compañero, le digo. Mire que darse aquel vergajazo, con el perdón de la palabra, en la pista del aeropuerto. A ese muchacho se le nota que desde el principio no le convenía llegarse hasta acá. Pero ahí está. Se montó en el avión y se vino. ¿Usted no cree que a un sitio al que viene demasiada gente rara le terminan por pasar cosas raras? Yo, por lo menos, sí.

—¿Cree que aquí pase algo raro?

—Para serle sincero, si me dicen que esta porquería se está hundiendo yo me lo creo. Vainas más locas han sucedido.

Llegamos a las inmediaciones del hotel. Dentro del Lada, el aire acondicionado y los vidrios ahumados habían vencido el láser de las tres de la tarde. Agradablemente anonadado, me dejé caer sobre el asiento, y contemplé, exhausto, los cientos de turistas que se apelotonaban en los *lobbys*, a la espera de que les confirmaran las reservaciones. El tráfico era pesado y tardamos al menos media hora en llegar a nuestro destino, el Porlamar Sheraton. Era un hotel enorme, de cientos de habitaciones, que parecía una grandísima pieza de cristal pulido varada en medio de la playa. Tres de los grupos invitados (incluyendo a Los inefables Cotorras) se alojaban allí, y un heterogéneo grupo de fans desesperados, periodistas insaciables y policías represivos rodeaban su arquitectura resplandeciente de atardecer petrificado. Los fans esperaban a que llegasen los astros para volverse histéricos, los policías esperaban a que los fans se histerizaran para poder entrarles a rolazos (a fin de cuentas los habían traído para reprimir a los exagerados, no para servir de niñeras a unos jodidos *rocks stars* drogotas y multimillonarios) y los periodistas esperaban a que sucedieran estas dos cosas para tomar fotos y generar *ratings* productivos a los patrocinantes (los únicos que no se encontraban allí, dicho sea de paso). Entramos a un estacionamiento subterráneo.

Aparcamos cerca de unos ascensores atestados de botones de hotel y turistas ávidos de camas blandas y *room service*. En la recepción, muchachas y muchachos con los uniformes del hotel, computadoras relucientes y *walkie talkies* recién sacados del plástico se encargaban de confirmar las reservaciones a una turba de extranjeros enrojecidos. Nuevamente mi chofer tomó las maletas y me guio. Mis reservaciones ya estaban confirmadas, solo tuve que sonreírle a una recepcionista con un audífono en el oído. Sudaba imperceptiblemente y no paraba de decirme señor. Me comunicó (señor Manrique, me dijo) que mi cuarto era el 5-B y en cuanto a su ubicación (señor Manrique) en aquel monolito dedicado al turismo agresivo y sin fronteras, la dirección era muy difícil de explicar (señor Manrique, sonrisita), cosa de la que no debía preocuparme, ya que se me asignaría un botones para mi ubicación (señor Manrique, sonrisita otra vez y final).

No bien dijo esto apareció un tipo, muchacho más bien, con pinta de haber cargado tres toneladas de equipaje durante lo que iba de tarde. Para colmo, los estrategas del departamento de uniformes de la sede central del Sheraton en Alabama, creo, obviamente no habían pensado en él a la hora de unificar las tallas y se habían quedado cortos, cortísimos. Nunca había visto a alguien verse tan incómodo en un traje. Parecía que la camisa estaba a punto desgarrarse chillando. Los zapatos de cuero sintético blanco estrangulaban los dedos de sus pies. La hebilla mellada del cinturón de tela le navejeaba la barriga. Los botones de la camisa blanca raída estaban a punto de salir volando, conteniendo con tirantes casi *disco music* su humanidad demasiado, demasiado generosa. Parecía que iba a vomitar en cualquier momento. Dijo buenas tardes como si las palabras le supiesen a resina y le arrebató cortésmente las maletas al chofer.

Nos metimos en un ascensor con la mitad de la clase media sueca. Subimos. El botones transpiraba sudor y hastío, pero se las arregló para iniciar conmigo una charla amable, producto de cualquiera de esos cursillos de mejoramiento de la empresa hotelera, que sonaba ligeramente perturbadora en labios de aquel sujeto alto, a medio camino entre la afabilidad y la sociopatía. Cuando llegamos a nuestro piso, tiró las maletas sobre la moqueta color mandarina, le dio unas llaves a mi chofer y gritó:

—¡Su cuarto está al final del pasillo a la izquierda, señor, como los baños!

No supe qué decir y los resabios del Rozac y la travesía hicieron que no solo no supiera, sino que además me importara un rábano. Salí con mi chofer y dejamos al botones atrapado, embutido con gran parte del turismo sueco. Al ver la mirada perdida cuando se cerraban las puertas, no pude sino calcular las posibilidades que tenían los turistas de llegar vivos a sus cuartos. Mierda, pensé, venir a morir tan lejos. El chofer tomó las maletas y empezó a caminar. El hotel era hueco y albergaba una especie de parque tropical con tiendas que llegaba hasta el último piso, en un ala del edificio. Se podía ver todo esto desde los pasillos. Los ascensores por los que había subido no eran los únicos. Habían otros, panorámicos, transparentes. Estaban también atestados de turistas. A medida que nos acercábamos al cuarto, mi atención se fijó en uno de ellos, que venía subiendo.

Víctor Hojilla y Manuela se elevaban en el interior del hotel cinco estrellas besándose con pasión. Debían de estar llegando también, porque llevaban maletas y no se habían desprendido siquiera del equipaje de mano. Mi chofer tenía razón. A esta isla venía todo el mundo. Me pregunté qué sería de la vida de Rolando cuando llegamos por fin a la puerta de mi cuarto. Mi chofer abrió el cerrojo y entró. Encendió el aire acondicionado. Me preguntó si quería un vaso con agua.

Yo solo quería dormir, pensé. De improviso me sentí impregnado de un cansancio abrumador. Contesté que sí automáticamente.

—Aquí tiene —dijo el chofer mientras me entregaba el vaso. Buscó en su ropa y sacó un celular *Nokia*. Lo dejó todo en la mesa de noche y me sonrió—. Eso se lo manda la señorita Hilda. Más tarde lo llama. Si no me necesita por el momento, puedo irme.

—Claro, pero ¿cómo hago para contactarme con usted?

—Mi número está en el directorio —se palpó con fuerza el bolsillo izquierdo del pantalón—. Yo siempre cargo el mío encendido, para poder estar siempre en contacto.

Volvió a sonreír y se fue.

En el momento en que cerró la puerta me quité la chaqueta, que debía pesar una tonelada. El cuarto era muy grande y tenía una terraza panorámica que daba al mar. El sol, seguramente anaranjado, se disolvía en el horizonte, pero los vidrios ahumados de la puerta corrediza lo hacían ver en blanco y negro, como una película vieja. Me tiré en la cama de cabeza. Escuché un *crack* cuando mi rostro se hundió entre las sábanas. Los lentes de sol. Había olvidado quitármelos.

—No es fácil ser *cool* —dije en voz alta.

Después recuerdo haber escuchado el zumbido del aire acondicionado por unos momentos y haberme preguntado qué me contestó el chofer cuando le pregunté su nombre.

Me dormí antes de recordarlo.

15

SOÑÉ QUE VIAJABA en una nave espacial.

Venía de pasar las vacaciones en la Luna y aquel era mi viaje de regreso. Sentado en una butaca de la nave (cuyo interior se parecía extrañamente al interior del *Airbus* de Viasa) meditaba sobre la absoluta desconfianza que me inspiraba mi transporte. Ruidos de motor ahogado se dejaban escuchar por momentos, chirridos misteriosos, crujidos repentinos delatores de cierta falta de mantenimiento. Sentía el ambiente húmedo, el aire cruzando a través de mis pulmones como si atravesara un aire acondicionado descompuesto. Pequeños cables aflorando en las paredes, retoños tempranos de una nueva tecnología deficiente. Las azafatas eran bonitas y sensuales pero lucían vestidos mal entallados, zapatos con tacones sueltos, botones descosidos. Sus rostros, hermosos, complacientes, tenían la piel pálida, con los labios coloreados de morado y ojos de adicto.

La estancia se tiñó de rojo. Las azafatas corrían de un lado para otro sin dejar de sonreír. La nave entraba ya a la atmósfera y comenzaba a encenderse. El espacio, visto a través de las ventanas en llamas, parecía una panorámica infinita del infierno. Cerré los ojos en el sueño con fuerza. Aunque no sentía calor ni escuchaba los lamentos de los otros pasajeros, el sonido de una alarma retumbaba con insistencia en mi cabeza. Era como un *drill* en el cráneo, queriendo taladrar con precisión un agujero hasta el centro de mi cerebro.

Desperté.

El celular de Hilda (mi celular, qué carajo) sonaba como si acabaran de parirlo. Me lo llevé al oído mientras me sacaba pedacitos de vidrio ahumado de la nariz.

—¿Bruno? —chilló la voz distorsionada de Hilda—. ¡Te esperamos en el *lobby* del hotel en media hora! ¡Vístete bonito que vamos para la presentación a la prensa!

—¿Perdón?

—¿Qué te pasa, estás sordo? Presentación a la prensa, amorcito. Y bien, con todo de todo. Hay corresponsales hasta de MTV.

—Hilda, acabo de llegar.

—Llegaste hace tres horas, Brunin. Te dejé dormir porque soy pana, pero llegó el momento de ganarse el sueldo. Además, estamos en alerta roja. Es muy posible que tengas que llevar las cosas solo. No se sabe nada de Toño.

—Debe estar en el hospital.

—Eso creímos, pero la ambulancia solo trajo al camarógrafo herido. Me dijeron hace media hora que es muy posible que siga aún en el aeropuerto. ¡Pero no importa! Date un baño, ponte lindo y baja.

—Ok.

Colgué. Una mezcla de soponcio y efervescencia me recorría el cuerpo. Era muy posible que el Rozac siguiese cumpliendo con su cometido. Al fin y al cabo, era una droga legal para señores de clase media WASP y debía tronar sin reducir la capacidad productiva. Aun cuando me seguía sintiendo en un estado de agradable embriaguez sintética gracias al Rozac (el equivalente al martini de la bioquímica contemporánea), a estas sensaciones se les sumaba ahora una agilidad elástica y un control total de todos mis sentidos.

También era posible que estuviera completamente drogado y delirante, es verdad. Me levanté y fui hasta el baño. Pude comprobar en el espejo que mantenía mi expresión normal, aunque el lente roto me había rasguñado y una débil línea de sangre seca cruzaba mi ojo derecho de arriba a abajo. Me bañé rápidamente, me afeité y, sin pensarlo mucho, saqué de mis maletas la ropa a poner. Afuera la brisa despeinaba las palmeras. Me puse un traje de tela negro y una camisa amarilla. El diseñador me pagaba cuatro veces el salario mínimo si la usaba en sitios públicos al menos una vez al mes. Por el balcón se podía ver un pedazo de la autopista bordeando la costa y los edificios encendidos. El viento traía, espasmódicamente, fragmentos de los ruidos de los claxon y la música changueada (que a lo mejor yo había anunciado, ¡Dios de mi vida!) provenientes de la autopista. Abajo, calculé, habría cantidades industriales de turistas perplejos, de fans, de periodistas empericados, de fotógrafos, de policías enfebrecidos, de productores estresados, de equipos de televisión, de patrocinantes predatorios, güisqui rendido, champaña nacional (en el mejor de los casos) y brindis, millares de brindis. Pensé en Tita. Tuve ganas de verla. Recordé sus Rozac.

Me tomé otros tres con agua y, agarrando el celular, salí del cuarto.

El *lobby* del hotel estaba atestado de gente. Hilda me esperaba cerca de la recepción y hablaba por un Motorola, adiviné, del tamaño de una pitillera.

—¡... Escúchame bien, hijo de puta —decía en voz baja, para que no la escuchara nadie—, me importa un rábano si Toño está en Marte tratándose un jodido tumor, lo quiero listo en cinco minutos aquí abajo! ¡Me sabe a casabe fresco si le duele la rodilla, si tiene el puto brazo roto o no encuentra sus pastillas! No tengo la culpa de que sea tan toche. Vamos saliendo a la rueda de prensa con retraso y lo necesitamos. Si no puede bajar ahora que se reúna con nosotros en el lugar. No le pagan toda esa plata para que ande mostrando su retardo mental. ¿Cómo?, ¿que me calme? Ya sé que es tu ídolo pero me importa una mieeeerdaaa, ¿oyes?, una mieeeerdaaa. Sí, chiquitín, puedes decirle que lo dije. De paso puedes decirle mi definición de imbécil: cualquiera que salta de un avión que ya ha aterrizado. ¡Quince minutos, mariquito!

Cerró el celular de golpe.

–Te oyes de maravilla, nena –dije.

–Tengo la puta regla y en este maldito hotel venden de todo menos toallas sanitarias de alitas con canales. Y para colmo el muy idiota de tu amiguito Toño está reventado. ¿Qué coño hicieron en ese avión antes de bajarse?

–Yo bebí un par de tragos y Toño acabó con la mitad de los productos farmacéuticos del Occidente del país.

–¡Qué papelón, Dios mío! Hace una hora que los de la radio me están llamando para que contrate a unos colombianos y lo mandemos a matar. Todos los canales de televisión están repitiendo su numerito. Se dio contra el suelo como las cagaditas de los palomos. Quitando la mala publicidad, no me reía tanto desde que el policía Izaguirre se desmayó en la rueda de prensa del 27.

–Eres cruel, Hilda, pero tienes razón. Por cierto, ¿dónde estaba Toño?

–En el puto aeropuerto. ¿Puedes creerlo? Repitió tantas veces que estaba bien que cuando llegó la ambulancia no le prestaron la más mínima atención y lo dejaron allí tirado. Uno de los técnicos de la pista le tuvo que decir que se moviera de allí o le iba a aterrizar un 747 de la KLM en el culo. Afortunadamente su ayudante lo consiguió y lo trajo en un taxi. Parece que se rompió algo.

–Ha de ser el copete.

–Ese es irrompible. Por cierto, tu novia llamó.

–¿Qué dijo?

–No han despegado todavía, están chequeando. Llega aquí en tres horas. Dijo, no sé, algo sobre que Victoria te mandaba un secreto.

–Es una broma personal.

–*Whatever*. Tenemos que movernos. Nos esperan en la estación de radio del estado. Van a lanzar allí la rueda de prensa. El gobernador va para allá y ¿a que no adivinas qué?

–Me van a dar la llave de la ciudad.

–No, pero a Los Cotorras sí. A ti te va a tocar un premio gordo. Tortoza quiere hacer una fiesta en nuestro honor. Dice que estas iniciativas juveniles es lo que le hace falta al país. Estamos todos invitados a una *party* en su casa de la playa.

–No tengo el estómago necesario para eso.

–Vas a tener que tenerlo, Brunito. Tortoza es uña y sucio con los dueños de la radio, así que un desplante es lo peor que podrías hacer.

–Mierda.

–No tienes idea de lo mucho que suena esta palabra últimamente. Esta isla parece un jodido circo. Lo único que falta es la mujer con barba. No había visto tanto alboroto desde el 68.

–¿Perdón?

–Nada, nada. Vámonos hasta el carro. Por cierto, lo de Victoria tiene que ver con las pantaletas, ¿no?

–¿Lo de Victoria?

–El mensaje de Tita. Tiene que ver con pantaletas, ¿no es así?

–Es privado, compañera.

Hilda me metió el índice en las costillas y sonrió.

–¡Sabía que sí! A mí también me encantan esas pantaleticas. Parece que no llevaras nada. Son recontra cómodas.

–Te las regalaré en tu cumpleaños.

–Cumplí el mes pasado.

—Entonces para Navidad.

—Falta medio año para Navidad, Bruno.

—No sé, dime un feriado.

—Pasado mañana es el Día del Comunicador Social.

—Hecho.

—Cómprame de las rojitas, ¿Ok?

—Guaooo. El animal sexual que yace en tu interior se está despertando, ¿eh?

—Sí. ¿Recuerdas a mi vecino?

—¿Le diste tuché?

—Le di tuché.

—Con razón la energía extra.

Hilda extrajo el celular y marcó un número.

—Tú no sabes lo que es extra, papito —dijo como si no tuviera importancia.

Nos dirigimos al estacionamiento.

16

ESTABA PENSANDO EN TITA con las Victoria's Secret y en la cara que tenía en el momento en que me regaló los Rozac cuando sentí el codo de Hilda un poco más arriba de mis riñones.

—Bruno —me llamó Hilda, sacándome de mis meditaciones prosaicas (con Z diría yo). No me había dado cuenta de que llegábamos al sitio—. ¿Te quedaste dormido? Bájate ya que llegamos a la entrada. ¡Es con alfombra roja, coño, qué locura! —miró por la ventana del auto—. Bueno —recapacitó—, creo que la alfombra es más bien verde, lo cual es muy tropical. Toma —sacó unas gafas de sol que tenían pinta de costar, no sé, medio millón de dólares—. Ahora eres un chico Rayyban.

—¿Rayyyyban?

—No, Rayyban, con dos Y.

—¿Nos están pagando mucho por hacerlo?

—No, mi amor, lo estás haciendo por la guerrilla tibetana...

—No hay guerrilla en el Tíbet, Hilda, solo lamas.

—Eso es lo que me gusta de ti, Bruno, que además de bello eres inteligente. Póntelos y sonríe. El mundo es nuestro.

Cierto. Me puse los Rayyban con dos Y, y salí del carro. Todos comenzaron a aplaudir, aunque no tenían ni idea de quién era yo. Los fotógrafos se abalanzaban. Durante un segundo imaginé que uno de los fotógrafos me preguntaba qué era la fama.

–La fama es –dije en voz alta– que te fusilen en medio de la fiesta.

A mí me pareció que era una frase interesante, pero había demasiados flashes, todo el mundo chillaba y no se entendió nada.

–¡Vas a tener que dar el *speech* y la presentación tú solo! –rugió Hilda mientras introducía algo así como media tonelada de chicles en su boca y los convertía en una lámina delgada sometida al constante tabletear de su inquieta dentadura. Caminábamos apresuradamente por un pasillo de concreto atestado de técnicos que conducía a una especie de cruce de comedor con anfiteatro.

–¿Qué *speech* y qué presentación? –dije, inocente.

Hilda me apretó contra unas bambalinas.

–Bruno –susurró–, ¿has vuelto a fumar cannabis?

–No, te lo juro.

–¡Entonces deja de hacerte el pendejo, Bruno, porque no estoy de humor!

–Perdón.

–Solo te pido eso, negrito, cero candidez.

–¿Cómo?, ¿cero candidez?

–Bruno... En serio.

–Ok, Ok.

Le di un pellizco en la pierna y mostré mi mejor sonrisa. Podía sentir cómo el Rozac comenzaba a distribuirse por mi cerebro y se disolvía sobre mis dendritas como una lluvia efervescente, química.

–Ya sé que se supone que lo iba a hacer el imbécil del bobo de mierda de... ¿cómo se llama?, Toño –articuló Hilda como si estuviese conteniendo un gas–. Pero mejor ni hablar ¿ves? El muy imbécil iba a llegar aquí en una ambulancia, tú sabes, de lo más *héeeroe* herido y resulta que les ha vuelto a decir a los idiotas cabrones de la ambulancia que no se molestaran, que él podía hacerlo solo, los cabrones se lo creyeron y le dejaron llegarse por sus propios medios al ascensor. ¡Nomás, Dios mío, nomás para que lo tomaran los muchachos del 11 (el *Onceeee*, por Dios, el canalucho más insignificante en la faz de la tierra)! Y entonces parece que el ascensor del hospital de mierda está malo y lo aplasta, ¿ves? ¡No te rías, Bruno! O sea, no me preguntes cómo un ascensor, sea el que sea, puede aplastar a alguien, a menos que, no joda, todo esto sea una de esas películas con Jason; pero resulta que sí, que la porquería de ascensor lo aplastó y parece que le descoñetó una costilla al tarado de Toño. Así que todo eso, de lo cual me acabo enterar hace escasos momentos por mi celular, me pone burda pero burda de cansada y me quita el sueño, y hace que tú seas el tipo que tiene que dar el *speech* y la presentación.

Odiaba el sonido de *speech*, pero no se lo dije.

—¿Sabes lo que vas a decir? —preguntó.

De nuevo apelé a mi sonrisa.

—Hilda, compañera, yo siempre sé que decir. Para eso nos pagan.

Claro que no lo sabía. Pero por alguna extraña razón, aquello me traía sin cuidado. Podía hacerlo con los ojos cerrados.

—Me gusta eso, Bruno.

—¿Qué cosa?

—Cuando hablas de dinero.

—¿Qué?

—Constata que sigues estando cuerdo.

—Dios te oiga. ¿Crees que debo quitarme los Rayyban con dos Y?

—No, Bruno, se te ven súper bien.

—Ok. ¿Dentro de cuánto salimos?

–Tres minutos.
–Ok –dije y comencé a contar.
Tres minutos.
Dos.
Uno...

17

SALÍ ANTE LA MULTITUD y llevé el mensaje.

Les dije que todo estaba bien e iba a estar mejor. Les dije que eran felices, muchísimo más felices de lo que eran hace cuatrocientos años atrás, sin televisión ni tarjetas de crédito. Les dije que podían confiar en mí en este mundo tan cínico y desleal. Les dije sobre la emisora y sus innumerables aportes a la cultura popular. Les dije sobre el concierto y dónde podían encontrar las entradas. Les dije que podían seguir comiendo grasas y drogándose, que todos podíamos seguir siendo lo mismo si tan solo comprábamos *tickets*, *blue jeans* y alcohol. Los anestesié y los llevé a la cama, a que soñaran, al lado de sus señoras gordas, sus amantes púberes y sus hijas prematuras. Con un cielo de pixeles azules, horizontes perpetuos, universos hertzianos. No debíamos preocuparnos de nada y de nadie. Dios nos había entregado la tierra y el tiempo para que hiciéramos lo que nos viniera en gana por el resto de nuestros intensos y fantabulosos días futuros. Éramos los reyes de la creación y teníamos todo el puto derecho a divertirnos. No había nada que no nos mereciéramos. Por misteriosas razones que amablemente dejé en el aire para no confundir a nadie, incluso a mí mismo, todo aquello tenía que ver con el concierto y Los Cotorras. Los cristales ahumados de mis anteojos solo reflejaron el dulce brillo de la verdad, absoluta, tranquilizante. Llevé el mensaje.

Las cámaras de televisión lo grabaron enterito.

Lo siguiente que recuerdo es haber aparecido en el asiento trasero del Lada, atravesando una carretera a oscuras. En algún momento del *mensaje* había ascendido a vete tú a saber qué tipo de nirvana neuromediático y para ponerlo en palabras sencillas se me había ido el yoyo. Hilda estaba a mi lado y sostenía mi mano con pasión. Yo la miraba perplejo y simplemente no podía recordar cómo había llegado hasta allí. Mis dedos estaban sepultados en su seno izquierdo. Sus ojos estaban cubiertos de lágrimas.

—¡Oh, Bruno! —decía una y otra vez.

Su seno izquierdo era increíblemente duro.

Lo primero que atiné a preguntarle fue qué tal había quedado el *speech*. ¿Me había desmayado en el mejor momento? ¿Había levitado?

Dejó de gimotear.

—¡Bruno, por Dios! —dijo toda ojos aguados—, me llegaste. No sé si me explico, me llegaste. ¿Ves? Los tipos de CNN lo grabaron entero. ¡De pe a pa, Bruno! Debías ver a las niñitas, Bruno, debiste ver a las niñitas. ¿Entiendes? ¡La cosa más cuchi desde, no sé, la despedida de Menudo! Charcas de lágrimas, Bruno, charcas enormes. Lagunas. Hasta el gobernador se lo tragó, Bruno, no me preguntes cómo, pero se lo tragó. Por algún lado le entró, no lo sé, no me importa; el viejo casi te abraza. Y no solo eso, chico, no solo eso, nos acaba de llamar el puto jefe de la compañía madre en Boston para felicitarnos, nene. ¡Nos lo acaba de decir el jodido tipo vía satélite desde Boston hablando como un bostoniano!

Durante un rato se me quedó viendo con la respiración agitada y la cabellera ligeramente despeinada. Su frente estaba colmada de sudor. Me provocó besarla. Ella volvió a hablar.

–Bruno, Bruno, eso fue la madre de todos los *speechs*, el *Woodstock* de la oratoria. Lo dijiste todo, el país, la situación, el desempleo, el concierto, las ganas de disfrutar, la diversión, la esperanza, Bruno, *la esperanza,* nene. ¡Hasta yo, que soy una atea de mierda me sentí identificada! He de admitir que por la mitad pensé que te ibas a volver un pasticho, pero no pasó, ni de vaina. Era como para enmarcarlo y llevárselo al Smithsoniano para que lo estudiaran. Van dictar cátedra con él en Harvard, Bruno. Pasaste por todos los lugares comunes, uniste aquel montón de vainas inconexas y te pasaste por el forro las tarjeticas que te di, pero no me importa, fue genial. Después de esto no nos para nadie. A este concierto van a venir hasta los marcianos. Cualquiera que haya oído ese *speech* está convencido. Después de esto, te digo, debemos empezar a concentrarnos en (¿tú sabes qué?) política, Bruno. Sí, señor. Política. Ya es una carrera más como Comunicación Social y por algo será. Es decir, chico, es el *upgrade* del *showbiz*, para decírtelo conciso y en inglés.

–Todo eso me parece muy bien –masculé–, pero ahora preferiría un vaso de agua y una jodida cama.

–Ay Brunito, claro, debemos prepararte para la fiesta.

–¿Qué fiesta?

–La del senador Tortoza.

–¿Tortoza? Ni de vaina, estoy muy cansado.

–¿Pero bueno, Bruno, tú estás loco? A esa fiesta van a ir los súper recontrachivos de la radio, ciertos noticiarios importantes y, no sé, genio, hasta la puta reina de la feria o algo así. Con esa racha de suerte que llevas, a lo mejor y hasta te la levantas esta noche.

Era un truco sucio pero bueno. Dudé, pero al final ganó la sed. Me pareció que no había bebido en años.

–No quiero, Hilda, estoy agotado.

–Bruno.

–Hilda, amor mío, es en serio.

–Pero Bruno, es muy sencillo de entender, mira...

Decidí probar si aún quedaba algún tipo de *allure* discursivo y me incliné levemente sobre ella y la besé. Su lengua era apasionada y sabía a la dulce mezcla de todos los chicles de este mundo. No fue un beso largo. Se separó de mí con suavidad y se recostó sobre el asiento.

–Qué carajo –exclamó con cierto sarcasmo, como si estuviese ligeramente bebida–. Puedes tener la razón de vez en cuando –sus dedos se posaron sobre mis labios–. Al fin y al cabo tú eres la celebridad.

Todavía podía sentir el sabor de su boca en mis labios. La sed se había mitigado ligeramente.

–Francisco, vámonos al hotel –ordenó con un suspiró Hilda.

No me molesté en voltearme. El chofer giró a la izquierda y exclamó:

–Usted solo pida por esa boquita, señorita Hilda.

No pude detectar el menor atisbo de ironía en su perfecto fraseo.

18

HILDA ME DESPERTÓ a las siete y media por el celular. Ametralladamente me dijo que aunque todo era un desastre, la logística un desorden, las estrellas de *rock* unos inconsistentes, los periodistas unos desgraciados y los policías más bien guapetones, yo tenía que hacer una prueba de acústica en el sitio del concierto y, desde allí, transmitir un programa especial de una hora. Dijo también que me estaba mandando un traje al cuarto. Llegaría en minutos.

Estaba terminando de bañarme cuando tocaron a la puerta. Abrí mientras intentaba cerrarme la bata del hotel. Víctor Hojilla estaba parado en medio del pasillo sosteniendo por el gancho un traje de lino blanco envuelto en plástico. Tenía puesta una de esas camisas llenas de dibujos que solo se pueden usar en las vacaciones y un bronceado como para ponerlo en una propaganda de helado de coco, quizá. Sonreía. Como parecía tener mi traje le dejé pasar.

—Hola, papi —dijo al entrar—. En el pasillo me encontré con un tipo que llevaba este traje para tu cuarto, y como yo también venía para acá, le hice el favor.

Entró y dejó el traje en el armario. Mientras lo colgaba dijo:

—Mierda, qué calor hace. Suerte que tenemos este aire acondicionado porque te lo digo, viejo, allí afuera hace un calor endemoniado. Mi abuela siempre decía que cuando hacía mucho calor era que iba a temblar.

Se sentó en la cama y sacó un cigarrillo.

—Mi abuela era una mujer recontrasabia. Recontracreyente, claro, pero también recontrasabia.

—Víctor, no quiero ser grosero, pero tengo que vestirme rápido. Me esperan abajo.

—Lo sé, Bruno, lo sé, pero también sé que eres un tipo que sabe escuchar.

—Víctor, el tiempo es dinero.

—Lo sé, Bruno. En tu caso, por estos quince minutos que te estoy robando, el tiempo es medio millón de dólares.

—¿Qué?

—Puede que un pelín más. Seiscientos mil, dependiendo de a cómo amanezca la gasolina mañana.

—¿De qué estás hablando, Víctor?

—Bruno, Bruno. Ve vistiéndote. Así no te quito tanto tiempo.

Lo miré durante un momento mientras encendía el cigarrillo. En su rostro se dibujaba una expresión benevolente pero sus ojos tenían una mirada limpia, perfecta y neutra. El dibujo de su camisa brillaba con un intenso color rojo. Su cabeza parecía flotar en ese color como en medio de las llamas. No sé por qué me pareció que me convenía escucharlo. Tal vez fuera el Rozac. Me acerqué al armario y saqué el pantalón del gancho.

—Tienes cinco minutos —dije sin verlo.

—Gracias, Bruno. La cosa es muy sencilla. El calor, los temblores y, qué carajo, puede que la edad me hayan convencido de dar un cambio drástico en la vida. Una epifanía, como dice el tipo de la TV los domingos.

—¿Vas a dejar el trapicheo? —pregunté, sin la menor convicción.

—¿Estás loco? Tuve una epifanía, no me volví idiota. Simplemente me cansé del bajo perfil.

–¿Y qué tiene que ver eso conmigo?

–Tiene que ver mucho, si quieres ese medio millón.

–Me blufeas.

–Ese verbo no existe, amiguito, deberías saberlo.

–A la gente le encantan las palabras inventadas. Es muy noventa. Pero no cambiemos el tema.

–Tienes razón. El caso es que no blufeo, Bruno. Te estoy ofreciendo medio millón de dólares americanos a cambio de un favor.

–Debe ser un favor enorme.

–Ni tanto. Solo te tienes que llevar una maleta de más cuando termines con el concierto.

–Ni de vaina.

–No es muy complicado, teniendo en cuenta que, según le dijo la Ortiz a Manuela, te vas a ir en el *jet* del papi, al que de seguro no le van a revisar nada.

–Ni de vaina.

–Entiendo que es una proposición arriesgada y repentina pero, qué carajo, si todas las proposiciones llegaran así y con medio millón de dólares, chico, pues, el mundo entero sería arriesgado y repentino.

Me terminé de poner la camisa y la chaqueta de lino. Me vi. Una chaqueta de lino. Me sentí como un extra de *Miami Vice*. En todos los sentidos.

–Víctor –dije–, el mundo ya es arriesgado y repentino. Ni siquiera te voy a preguntar lo que hay en esa maleta.

–No importa lo que hay, sino lo que significa. Y la respuesta es medio millón, Bruno. Para ti, en todo caso.

–Ajá.

Me pregunté fugazmente qué significaba medio millón de George Washington para mí. Miré a Víctor a los ojos. No recibí nada. Era como mirar el fondo de un pozo.

–Creo que dudas de mí –exclamó.

–Víctor, estoy en un cuarto de hotel, hablando con un

traficante y diciendo cosas como maletín y medio millón de dólares.

–Es verdad.

–Así que te pido que me disculpes, pero voy de salida.

–Cómo no. Creo que he sido muy brusco. Soy yo el que tiene que pedir disculpas. Pero mi oferta sigue en pie. Aquí tienes para que veas que, a pesar de lo que dice la prensa, los traficantes somos negociantes serios.

Dio una calada larga al cigarrillo y se sacó del bolsillo de la camisa un billete verde. Lo dejó sobre la mesita de noche. Me acerqué a verlo. Estaba nuevo y liso. No lo toqué pero podría asegurar que hasta crujía de lo nuevo. Era un billete de cinco mil dólares. Había oído de ellos, pero siempre pensé que eran un cuento. Una especie de Santo Grial para *yuppies*.

–Te llamo mañana –exclamó Víctor abriendo la puerta–. Solo en caso de que quieras saber de los otros noventa y nueve hermanitos de ese de allí.

Abrió y se fue. Me quedé viendo el billete durante un momento más, hasta sentirme casi estúpido. Luego lo guardé en la gaveta, dentro de la Biblia del hotel, cosa de que no se lo robara la tipa de la limpieza. Tomé dos Rozac más y bajé al *lobby* mientras me ponía a pensar muy seriamente en los acontecimientos en los que me había visto envuelto en las últimas veinticuatro horas. Concluí que la necesidad de tener cantidades groseras de dinero era de las más profundas, fuertes y democráticas de la humanidad, y que nadie estaba libre de ella.

Yo menos que nadie, de hecho.

19

LA MAÑANA ESTABA DECIDIDA a romper récords en el departamento de sorpresas. El estadio donde se pensaba iba a realizarse el concierto simplemente no estaba construido. Gracias a ciertas labores corruptas de uno de los concejales del municipio, el estadio se había prealquilado (sobre posibles intercambios comerciales por dinero y espacios publicitarios con la alcaldía) seis meses atrás. Era un terreno baldío que no se había ni podado. Un rayón horrible para un montón de gente importante y propagado, para lo que pueda importar, hasta por *E! Entertainment Television.* Los organizadores, en una maniobra inspirada por la musa perpleja de Aníbal y sus elefantes alpinos, decidieron llevar el concierto a una playa. Se la alquilaron al gobernador por una suculenta suma que sirvió para taponar algunas calles, construir bebederos y proporcionar nuevos carros a selectas personalidades locales. La rodearon de un tipo de alambrada inexpugnable y comenzaron, a tres días del concierto, a construir lo que por los medios se llamó «La Súpeeer Tarima».

Quitando los innumerables problemas técnicos producidos por la locación (hay que ver lo que le puede hacer la arena a los equipos eléctricos) y el interesante detalle de las mareas, claro está (que casi sumerge la mitad de los amplificadores en algún momento del primer día de labores), sucedió que algunos de los artistas invitados dudaron no solo de la realización del concierto sino también de la cancelación de sus honorarios. Una secretaria –amante de uno de los ejecutivos de la radio– había desviado los fondos destinados a los pagos a una cuenta privada en Trinidad. Las autoridades la habían descubierto y recuperaron primero una mitad, a través de los canales bancarios, y después la otra, a través de la puerta del Hotel Rex Tropical de Kingstown, que destrozaron a patadas cuando la brigada antivicio practicó el allanamiento de la *suite* y encontró los billetes regados sobre la cama. También sobre la cama se encontraban uno de los motorizados de la disquera y la secretaria, haciendo el amor capitalizados y delirantes. Lo verdaderamente gracioso vino después, cuando la comisión de detectives volvió con los culpables pero no con el dinero, volatilizado misteriosamente de la cama y del que nadie parecía saber nada, ni siquiera la pareja que tan alegremente había follado sobre ellos. Ni hablar de los tabloides. Los organizadores, por supuesto, decían que todo se estaba arreglando satisfactoriamente, una manera en exceso optimista de representar una situación que *Ultimas Noticias* titulaba en espectáculos como «Desastre multitudinario». Entretanto, las propagandas no hacían sino repetir los nombres de los grupos, aun cuando cinco de ellos les habían dicho a los muchachos de la radio que si no mostraban el parné, podían seguir repitiendo aquellos nombres hasta el 2100. La situación era tensa pero el *show* debía continuar. Las entradas se estaban vendiendo a raudales y la gente acudía al evento como fieles a La Meca. Ayudado por un despliegue de mercadotecnia millonario y convertido en una especie de Frankenstein de los conciertos, el evento había terminado por perder el control. Sobre él, para ser sinceros, se había mentido descaradamente. Al fin y al cabo, los grupos tampoco eran nada del otro mundo y los precios ni por asomo tan baratos. Azares del destino hicieron que días antes de la presentación uno de los grupos ya firmados, Los Cotorras, pegasen el hit «Dame Dame Dame Adrenalina» y después, casi al instante, el sencillo «Cóndor Surfero», con lo cual se habían convertido en la primera banda paraguaya de *ska ragamuffin* en tener dos éxitos consecutivos del estilo *reggae* en los *charts* más importantes de Hispanoamérica. De golpe, todo el mundo quería verlos. Hasta los jamaiquinos, San Bob Marley Bendito, que llegaban al aeropuerto local de a cientos.

Faltando dos días para el concierto la alambrada encerraba, en medio de la playa, un rectángulo perfecto de *stress*, arena y kilómetros de cable. Según Hilda, en el transporte de equipos se había extraviado material que por equivocación había llegado al terreno sin podar del estadio pluscuamperfecto y allí había sido o robado o meado por unas cabras. Anoche habían despedido a tres ejecutivos de la radio y esta mañana a cinco más. Los tipos del equipo de montaje no hacían sino sufrir insolaciones e intoxicarse, incluso recibir picaduras venenosas y ataques de escualos. La jodida electricidad fallaba sin causa aparente. Las malas lenguas aseguraban que se debía a temblores de tierra en los predios de la planta eléctrica y que un día de estos esa porquería iba a explotar como el volcán del *Dr. No*, dejando una mitad de la isla desbaratada y la otra a oscuras, todo ello aderezado por una sarta de teorías conspiratorias de la propia cosecha de Hilda. No las oí porque no entendía nada y porque nuestro chofer nos condujo hasta un helipuerto, cosa que remató el día y, sencillamente, me dejó *out*.

Cientos de fans habían rodeado la zona circundante al concierto esperando ver a Los Cotorras y el tráfico estaba fosilizado. La única manera de llegar hasta allí, a la hora, era en helicóptero. Nos montamos en uno que esperaba por nosotros e Hilda continuó informándome, con una cara menstruada pero llena de determinación, mientras masticaba el primer Adams Sour de la mañana.

—*Okey* —dijo gritando sobre el ruido de las aspas—. Vas a hacer un par de pruebas de sonido después del programa.

—¿Quiénes son mis invitados?

—Los Cotorras, la Miss del estado, que se llama... —leyó algo fotocopiado de un fax— Concetta Ulpiano y... Sí, esta joyita te va a encantar, Francisca Manuela Josefina Tortoza de la Fundación Ecológica por la Península de Cubitaro.

—¿La Península de Cubitaro? Ahora si es verdad que lo escuché todo. ¿La tipa es de acá?

—¿Francisca Manuela Josefina Tortoza? —entonó Hilda como si estuviese cincelando una lápida—. Ni por asomo. Esa tipa llamó el otro día para lo de la locución libre de impuestos, perdón, benéfica. ¿La recuerdas?

—Creo que es amiga de Tita —dije—. La conocí alguna vez en una fiesta.

—Debiste haberle caído buenísimo porque llamó tres veces en las que le dije muy cortésmente que lo del Cubitaro me parecía muy bien pero en este momento no podíamos hacer el trabajo, que se ameritaba para un programa interesante. No se quedó tranquila y volvió a llamar hace tres días porque se había enterado de tu viaje para acá y, ¿a que no adivinas qué?, la jodida Península de Cubitaro queda, nada más y nada menos, en el lado Este de nuestra amada isla, y la niña quería pegar el concierto con la Península porque sería, cómo te lo puedo explicar —Hilda sonrió como si posara de nuevo para el libro de graduación—, ¡súper guay! Por supuesto, cortésmente le dije que los patrocinios a fundaciones ya no eran mi departamento y la pasé con la gente de la emisora. Y aquí es donde tienes que admitir que la vida es un pañuelo; 30 minutos antes de buscarte en el hotel, recibo una llamada de los tipos de Presidencia de la estación, pidiéndome por favor, pero con firmeza, que meta a Francisquita de coleada.

—¿Josefina Tortoza? —pregunté— ¿Tortoza?

Hilda soltó una carcajada. Me gustó por lo franca, pero sonaba como si estuviera tosiendo hollín.

—Esa es la mejor parte, Brunito —rió—. La mariquita es la hija de Tortoza —dijo entre carcajadas. Tragó saliva y se secó las lágrimas—. Nene, de verdad no sé qué es lo que tienes con esa familia —siguió carcajeándose, todo aquello debía de parecer comiquísimo. Esperé sus siguientes palabras—. ¿No te parece loco? Debes tener algún tipo de sustancia que los excita. Un tipo de almizcle especial.

No dije más nada, primero, porque conversar en un helicóptero era demasiado *freak* y, segundo, porque me pareció que Hilda podía tener razón. A fin de cuentas faltaban un par de años para el final del milenio y se podía esperar cualquier cosa de la realidad, menos que tuviera sentido. Estaba también el detalle del billete de cinco mil dólares escondido en la Biblia de mi hotel que, para ser sinceros, era lo único ocupando mi mente desde hacía horas. Cuando el helicóptero se posó en el sitio del concierto en mi cabeza tenía, casi completo, un listado de pros y contras: los contra llevaban las de perder y los pro se reproducían como conejos. Aterrizamos y caminé entre las tarimas a medio construir y los desordenados trailes, en conjunto extremadamente parecidos a un campo de refugiados (con la diferencia de que en los campos de refugiados la gente no lleva gafas oscuras). Hilda me llevó a una tienda de campaña. Íbamos a realizar el programa en el interior y mientras acomodaban los micrófonos y las sillas reflexioné sobre por qué Víctor no me había dicho que Manuela era la hija díscola, narcotraficante y pimpollosa de Tortoza —en términos pro y contra aquello era lo más contra a pensar—. También era cierto que el mismo Víctor me había revelado lo de díscola, narcotraficante y pimpollosa. No era lo más pro del mundo pero se dejaba colar.

Los efluvios del Rozac se estaban mezclando ya con las palabras que entre retazos recordaba de mi discurso y, para bien o para mal, estaba empezando a creerme mi propia historia. Tal vez había llegado demasiado lejos y arriba como para que alguien me atrapase. Tal vez era cierto que el destino me había dejado el camino libre y me había dado la oportunidad de acceder a los extraordinarios salones principales de la vida. La moral era una herramienta del mercadeo, los excesos orlas en el marco de la exuberancia, la necesidad de poder la única brújula confiable. Mi cuenta bancaria salivaba como condenada cuando recordaba el sándwich de Biblia y billete de cinco mil dólares en la mesita de noche de mi cuarto.

Empecé la entrevista a Los Cotorras preguntando sobre el posible significado de sus canciones, cosa que particularmente me importaba un rábano, pero que generó muy buenos *ratings*. La gente comenzó a llamar para dar también su interpretación. Bajo el lema de que los medios están hechos para ser usados por las masas y, sobre todo, porque lo de la Biblia masticando ese dichoso billete colmaba mis pensamientos, dejé al líder de Los Cotorras discutiendo con un fan una buena media hora sobre las diferentes formas en las que *Righ on brother* sonaba cuando se le pronuncia con acento guaraní. Aproveché el diálogo para meditar sobre por qué el viejo Víctor no me había dicho que Manuela era hija de Tortoza y por qué Manuela se acostaba con tres tipos tan diferentes al mismo tiempo (pregunta esta muy machista y que no tenía nada que ver con los hechos, pero que resultaba la mar de entretenida para reflexionar). También me pregunté, mucho, si el jodido billete de mis tormentos no era tan falso como los senos de Manuela, si Víctor y Manuela estaban encompinchados y si esto no era sino una treta del mismísimo Tortoza (incluso ayudado por el jodido y ahora cuasi-parapléjico Toño) para coaccionarme y que mi voz terminara apareciendo en uno de esos comerciales por televisión planeados para vete tú a saber qué elección.

No obtuve ninguna respuesta, al menos racional. Solo una indefinible lucidez en el fondo de mi ser, despertada tal vez, por los fármaco-químicos, el *stress* o la neurosis (al final ¿qué importaba?) y que aparecía en el momento apropiado, en el segundo exacto para guiarme a través de la razón última de todas las cosas. Un instinto que me hacía preguntar una y otra vez si era posible salir airoso de todo lo que implicaba obtener aquel medio millón de dólares. Es posible clonar ovejas, me dije, es probable que un loco desate una plaga o vuele un edificio. La guerra con Irak, las Spice Girls y la canonización de Lady Di. Era probable tirar por Internet, tener un llavero de mascota y ver a los televangelistas en limusina. Era posible un huracán, un terremoto, clavarse un tornillo en la nariz y sonreír. Faltando lo que faltaba para el fin de milenio, era posible cualquier cosa.

Era posible tener un billete de cinco mil dólares en una Biblia de hotel, estar así sujeto a peligrosísimas tentaciones y entrevistar al grupo Los Cotorras. Animal, que según tenía entendido, no existía en el Paraguay.

20

LUEGO DE CANTAR A CAPELA Cóndor Surfero, Los Cotorras se hicieron una carta astral con una médium vía celular. Anuncié siete bebidas refrescantes, algo que servía para adelgazar y nos fuimos a comerciales. Manuela entró sonriéndome, dado que era nuestra segunda entrevistada y le encantaba que la gente le viera los labios. No dije ni esta boca es mía mientras intentaba dilucidar en sus ojos si tramaba algo más que violarme de nuevo una noche de estas. Cuando volvimos al aire, ya Hilda, en su infinita sabiduría, me había pasado tres tarjetas sobre Manuela con las que podía elaborar una de esas presentaciones que le gustaban al público. Manuela esperó ansiosamente a que terminara para arrancar sin contemplaciones con las bondades de la Fundación Pro Defensa de la Península de Cubitaro. Recitó cómo la fundación evitaba que los turistas pisaran los cangrejos rosados de Cubitaro, únicos en el mundo, a través de un plan que los salvaguardaba para después criarlos en un laboratorio y destinar los sobrantes a una fábrica de patés «divina». La Fundación Pro Defensa de la Península de Cubitaro (PPC), decía la muy maldita, era ecologista pero con buen gusto. Otro de los proyectos, idea suya claro, trataba sobre la conservación de las tradiciones socioculturales del pueblo de Cubitaro, un grupete de casas de pescadores donde –deduje– rascarse los genitales era la artesanía local. No habían oído ni de la Coca-Cola y mucho menos de la sociocultura. Manuela quería dejarlo exactamente así, primero, porque era una maldad acabar con culturas que no entendíamos, como los indios, los raperos –no miento, dijo así, seria, los raperos– y ¿cómo era que se llamaban? Se acordó: los chibchas (¿?). Y, segundo, porque así no había tanta gente extraña en la playa y se la podía pasar mucho mejor los feriados. Iba a cortarla para irnos a comerciales y expectorar en algún lugar discreto, cuando cambió el hilo de la conversación y comenzó a alabarme por mi *speech*. De nuevo llamaron los radioescuchas para hacerse eco de las felicitaciones y preguntarle a Manuela todo sobre el Cubitaro, la fundación y ciertos datos anatómicos peligrosamente cerca de la zona roja, interrumpidos por oportunos patrocinantes de pasta de jamón enlatada y al menos tres tipos de chucherías. Despedí a Manuela con mi mejor salida *garycooperezca*, mientras evitaba sus pellizcos bajo la mesa donde se apoyaban los micrófonos. Nos fuimos a comerciales. Hilda volvió a aparecer con las tarjetas, esta vez de la Miss, y la noticia de que Tita había llamado en medio de la entrevista. Ciertos desperfectos en el *jet* (le faltaban unas bujías, supongo) habían retrasado su partida y llegaría mañana, el día del concierto. Manuela me dio un beso de despedida y me murmuró al oído:

–¡Esta noche hay fiesta! –y luego gritó, para que todos la oyeran– ¡No saben lo contenta que estoy de haber participado en este bello programa y haberlos conocido!

Apenas se me despegó recibí a la Miss. A pesar de haber nacido en la zona y ser hija de una de las familias de más permanencia en los árboles genealógicos del estado, tenía ojos azules y una melena platinada de compañerita de Max Von Sydow en algún descampado brumoso. Caballerosamente le cedí el asiento y me ofrecí a buscarle un refrigerio. Yo, al menos, necesitaba agua, puede que un cigarrillo y meterme un par de Rozac más, solo por las dudas. Ella dijo *no* con un giro de cabeza y una sonrisa a los que solo le faltaban un ramo de rosas para empezar a disparar los *flashes*. Según las tarjetas de Hilda, la Miss era una de las candidatas con más opción a obtener el cetro de la belleza nacional y, por lo tanto, la habían tratado como al mejor de los carros deportivos. Una plástica le había pulido las aristas de los pómulos, nariz, cejas y labios. Era acompañada las 24 horas del día por un selecto grupo de estilistas. Cobraban lo que supongo deben cobrar unos estilistas capaces de hacerte permanentes en las situaciones más desesperadas y uno de ellos cargaba un baúl bastante grande lleno de sustancias embellecedoras. Solo para maquillar la cara, dijo. Parecía una especie de Navy Seal de la cosmética, preparado para enfrentar el *frizz* en cualquier escenario hostil. Conseguí tres botellas de agua mineral de un litro y comencé a beberlas, mientras el sujeto en cuestión chillaba que la luz de la tienda estaba matando el hermoso destello Elizabeth Taylor de las pestañas de la Miss. Hilda apareció fugazmente y me dijo que acababa de firmar un contrato y mi voz anunciaría, desde adentro de una lata de cerveza, el premio gordo en un concurso que pensaba hacer la cervecería Brava. Algún afortunado abriría la lata y me escucharía diciéndole que acababa de ganar medio millón de morlacos o unas casseteras, creo. Todo esto gracias a un chip de sonido que se activaba con la luz solar. La noticia me pilló desprevenido pero me las arreglé para preguntar cuánto cobrábamos.

–Un dineral –dijo Hilda con una sonrisa impregnada del aroma del chicle bomba.

El tiempo de comerciales se acababa. Apuré el resto del agua, un poco sorprendido de haber bebido tres litros de H_2O tan rápidamente y seguir teniendo sed. El *marine* de la belleza se esforzaba sobre los ultrajados párpados de la Miss con orgullo, como esa gente que sonríe extasiada cuando le echa manguerazos a sus carros los domingos. Quise decirle que a fin de cuentas estábamos en un programa de radio y nadie iba a ver los jodidos párpados, pero decidí mejor gastar mis fuerzas en sacar, con conspicuidad, el Rozac de mis bolsillos y meterme dos cápsulas despreocupadamente, como si fueran Tic Tac.

Cuando me preguntaron si estaba listo dije *sí* sin el menor atisbo de duda.

21

ESTABA CONSIGUIENDO EL SUPUESTO *este no lo sabe casi nadie, Bruno* número telefónico de la Miss, cuando un pelotón de la policía estatal se apareció en las adyacencias del concierto para entregarme una carta, escrita con lo que deduje era una IBM ya bastante desperolada, firmada por el gobernador y el nunca mal ponderado senador Rubirio Tortoza. Con motivo del concierto y la visita al estado del senador, la alcaldía tiraba un almuerzo opíparo en el Cabildo y estábamos cordialmente invitados. De hecho, nos habían mandado al pelotón para escoltarnos, no fuera a ser que nos raptara vete tú a saber quién. Gente loca nunca falta. Una treta de Tortoza para asegurarse de nuestra asistencia, me contó Hilda *a posteriori*. Después del esquinazo anterior a su fiesta no quería darnos el menor chance de faltar.

Sin haber copiado los dos últimos dígitos del celular privado de la belleza nacional, tuve que seguir a los efectivos entre la colección de cables y encontrarme con Hilda frente a una limusina con un faro roto y luego arrancar, sirenas ululando, entre una turba de técnicos, fans y, sobre todo, insolados. Estaba un poquito nervioso por estar rodeado de la crema y nata de la policía local, pero incluso estos escollos paranoides (fundados, Dios bien lo sabe) se desvanecieron cuando el chofer me dijo que nos desviaríamos un poco para pasar buscando a otra personalidad. Se trataba de un importante inversionista americano, rubicundo, simpático y obeso; por supuesto, gran contribuyente para la campaña de nuestro actual gobernador. Usaba botas de algún tipo de cuero exuberante con punteras de plata y su corbata parecía un insulto multicolor cruzándole el pecho. Se llamaba Clarendon algo, pero sus amigos lo llamaban Clark, como Clark Kent, el de *Superman*. Gritó todo eso a modo de saludo y después de regalarme un habano del tamaño de un no muy apetitoso salchichón, se sentó al lado de Hilda y comenzó a echarle los perros, que en inglés se traduce en cosas como enumerar diferentes compañías propias. Por fortuna sonó el celular de Hilda. Contestó con la precisa prontitud de un pistolero desenfundando su arma y escuchó unos diez segundos. La cara comenzó a llenársele de manchones rojos.

–¡Mierda! –ladró–. ¡Mierda, mierda, mierda! ¿Se puede saber qué es lo que tiene ese señor en la cabeza? ¿Un maní? ¿Un piojo? ¿Una cucaracha? Dime, papaíto, ¿tú lo conoces desde antes?, ¿el siempre fue así?, ¿desde chiquitico? A juro agarró un curso o, no sé, le metieron electricidad o lo pisó un camión o se cayó de la cuna, porque te digo, francamente, Toño no puede ser tan, pero tan imbécil. Fui específica cuando le dije que desde lo del ascensor se quedara quieto y esperase el concierto, que por el amor del cielo no jodiera más el parque, pero no, no. Tan sencillo como que orquesta su sinfonía de cagadas para producirme una úlcera y él acabar con, verga, el cuerpo como el de *Robocop* –cogió aire–. Escúchame bien, José Giuliano, llamas al Cabildo y autorizas a los de seguridad de mi parte, a emplear los medios que consideren necesarios para traer a ese mongoloide de vuelta. No me importa si lo tienen que engrapar al asiento, esposarlo o batearlo, cualquier vaina, pero que se lo traigan de vuelta. Te llamo dentro de veinte minutos y si lo pillo yo primero está muerto, ¿oíste?, desaparecido, disuelto. ¡Voy a tirar su cuerpo en un jodido pozo de cal y le voy dejar la cédula en un puto restaurante chino!

Hilda apretó el botón de *end* hasta casi tocarse la palma. Clark, como Clark Kent, el de *Superman*, se había acurrucado en una esquina del asiento, ligeramente intimidado por la oscura personalidad que invadía a Hilda al teléfono. Ella me haló por la solapa hasta tenerme a unos centímetros de su boca desesperada por tener algo de mascar.

—¡No me lo vas a creer, pero Toño está yendo para el jodido almuerzo! Parece que no pudo con la idea de que a ti te invitaran y a él no. Dime, Bruno, ¿te lo cogiste? Ya no sé qué hacer con él. Los médicos lo enyesaron todo y los de la radio, para aminorar la raya, lo han vendido a los espectadores como una especie de mártir de las telecomunicaciones, trabajando a pesar de los embates del destino. ¡Los embates del destino mis nalgas, Bruno, el desgraciado no es más bruto porque no tiene más tamaño! Va a entrar en el *Guinness* si sigue así. Se llevó un equipo de la radio y van en una camioneta hacia el Cabildo. Por Dios y mi madre que va a poner la torta otra vez.

Me tenía sin cuidado, pero no se lo dije. Con un poco de suerte la camioneta a lo mejor y estallaba.

—¡Pero no nos va a joder! —dijo Hilda.

En verdad estaba furiosa. Golpeó con el celular la ventanilla que nos separaba del piloto hasta que este la abrió. Hilda sacó un gordo fajo de billetes de mil de su cartera y lo tiró por la ventanilla en el asiento del chofer, como si fuese un bistec y se lo estuviera dando a un león.

—Acelera —dijo ella muy seriamente.

El chofer guardó el fajo en un bolsillo y comenzó a acelerar. Parecía llevar todo el día esperando que se lo pidieran.

—Llegaremos primero —dijo Hilda sentándose a mi lado—. Tengo otro fajo más y se lo voy a dar si encuentra a Toño y se lo lleva hasta el hotel, no me importa cómo.

—¿De dónde coño sacaste esos reales?

—Digamos que en momentos especiales, para que las cosas sucedan, la compañía dota a ciertos miembros clave con fondos generosos, ¿entiendes? Este concierto es especial. Yo soy un miembro clave. Aquello fue un fondo generoso.

—Ey, yo también hago que las cosas sucedan, pero no me andan dando esos fajos de billetes.

—Te dan a cambio unos cinco millones de radioescuchas desde la Patagonia hasta Costa Rica. Y Miami en hora pico, que no es pupú tampoco, ¿no?

—Es verdad, pero a mí lo que me gusta es el *cash*.

—¡Ay, Bruno, cuando quieres eres un marginal!

—Y tú una histérica. ¿No exageras con lo de Toño?

—Estoy harta de él. Si tengo que volver a inventarle una historia a la prensa sobre sus hazañas como «Estúpidoman» me voy a morir. Pensaba gastarme esa plata en ropa, pero ni de vaina me la sigo calando.

No tenía caso seguir insistiendo. Descubrí que la limusina tenía una neverita con bebidas y me serví una Heineken, a precio de importación. El yanqui me sonrió comprensivamente.

—Tu amiga estar ida —dijo—. *Cool*.

Cool, ¿no? *Foc yu* es lo que es, pensé. No se lo dije y le di un sorbo a la cerveza. En ese momento el chofer asomó la cabeza por la ventanilla y mostró una expresión que denotaba una gran confianza en sí mismo. Miró a Hilda y le mostró los dientes.

—Llegamos —dijo todo orgullo.

Hilda le mostró el pulgar haciéndole la seña universal del *okey* y se asomó por la ventana.

—Coño, Bruno, esto está lleno de cámaras. Y hay un montón de carros.

Le pasé la cerveza a Clark, que la sostuvo extrañado y abrí la puerta. La limusina estaba estacionada frente a un edificio de unos siete pisos, lleno de cristales ahumados y palmeras, moderno y totalmente fuera de lugar. La entrada principal estaba atiborrada de escoltas de traje y corbata y personalidades políticas al parecer muy importantes. Hacían turnos en una sección de la alfombra roja para tomarse fotos abrazados y sonreían a los fotógrafos. A un lado de la calle una turba de fans incondicionales de Los Cotorras esperaba a sus ídolos, contenida por policías gorditos con chalecos antibalas. Entonaban «Dame Dame Dame Adrenalina» con ritmo caótico y voces un tanto debilitadas por los 38 grados a la sombra.

Hilda salió a buscar a un tal Austiniano No sé qué, secretario auxiliar del gobernador y nuestro guía en el edificio hasta el salón Gran Mariscal del también No sé qué, acondicionado especialmente para el condumio de mis tormentos. La seguí bajo una ráfaga de *flashes* mientras entraba en el edificio saludando como un presidente. Adentro, por fortuna, imperaba el aire acondicionado. La decoración era pródiga en fotografías meritorias, placas y retratos en grupo. El mobiliario ostentoso de la recepción y las plantas de plástico sugerían ese tipo de gusto institucional más de países caribeños en vías de desarrollo que de naciones sudamericanas tercermundistas.

Hilda volvió furiosa

—El cabrón de Toño llegó primero, ¿puedes creerlo? Veníamos a ciento cincuenta, lo chequeé varias veces, y los panitas de las motos taparon las vías y el desgraciado llegó primero, ¿puedes creerlo? ¡Lo quiero matar! ¡Lo quiero matar pero no sé cómo!

—Espera a que volvamos al hotel y lánzalo desde el balcón.

—Sí, sí. ¿Y qué digo? ¿Suicidio?

–Con la famita que ha agarrado estos últimos días puedes decir que se resbaló y te lo van a creer.

–Es una idea buena pero tiene homicidio y los homicidios son un fastidio. Vamos a comernos el reputo bufé.

–¿No era almuerzo?

–Por mí puede ser un picnic, mierda.

Me haló por la camisa y pasamos por un pasillo lleno de gente. Yo estaba acalorado, necesitaba esa cerveza de verdad, verdad, y la idea de ingerir alimentos en presencia del senador Tortoza se me hacía imposible. Llegamos al gran salón (en realidad una enorme sala de reuniones de cielorraso cuadriculado con full aire acondicionado) y rematando, al fondo, comiendo huevos de codorniz y salsa rosada, Rubirio Tortoza esperaba, un poco impaciente, a que los técnicos terminasen de ajustar el micrófono de Toño a la microondas. La impaciencia no le restaba apetito. Devoraba los huevos como cotufas. Toño, patético, sobre todo por lo de la muleta y la cachucha de la radio, se afanaba sobre Tortoza colmándolo de, me pareció, efusivos halagos que no alejaron en lo más mínimo la atención senatorial de los huevos de codorniz y, luego, en la bandeja de al lado, de las bolitas de melón envueltas en jamón serrano. Uno de los técnicos dijo *okey*. Hilda había sacado un plato de la nada y nos habíamos acercado a una paella fortificada sobre un contingente de tequeñones. Según contaba, Toño casi había atropellado a una vendedora de empanadas en la carrera para llegar al Cabildo y (no era para menos) seguía siendo un imbécil. Tortoza se limpió las manos con unas servilletas y chupó los dedos de su mano izquierda uno a uno, rememorando el sabor –aún escondido bajo sus uñas, supongo– de los huevos de codorniz y las bolitas de melón envueltas en jamón serrano. Toño se paró lo más recto que le permitió el extraño entablillado de su pierna derecha y se llevó el micrófono a la cara, como el helado de barquilla de los domingos. Comenzó a decir buenas tardes con ese fraseo edulcorado tan suyo y no pudo terminar. Todos los fluorescentes del techo parpadearon durante un segundo y las luces se apagaron de improviso.

—Se fue la luz —dijo la voz de Hilda en medio de la oscuridad.

22

SE ESCUCHARON PRIMERO, los chillidos de pánico absoluto de Toño. Sencillamente se friqueó. Su histeria se disparó como la alarma de un carro cuando le rompen los vidrios y afirmaba, mientras todos buscábamos un encendedor, que aquel apagón no era sino un acto terrorista destinado a asesinarnos. Esto gritado a toda (y empericadísima) velocidad y con los pantalones (podría poner mi mano en el fuego por ello) seguramente mojados. Se friqueó. De verdad, no es broma. Le dio por pedir un arma para defenderse y en medio de la oscuridad, según supimos luego, se la quiso arrebatar a un escolta con resultados –¡qué otra cosa!– desastrosos.

–¡No caeré indiferente! –chilló.

¿De dónde coño había sacado esa frase? –me pregunté con auténtica perplejidad.

Hilda me agarró por una mano mientras con la otra encendía un Zippo del tamaño de una bombona de gas. En cuestión de segundos nos colamos entre los todavía perplejos agasajados y atravesamos la puerta que daba hacia el pasillo. Algunos oficinistas tenían linternas de mano y yesqueros. Podía ver, al final, otro corredor que daba a la calle ligeramente iluminado por el mediodía.

–¡NO CAERÉ INDIFERENTE! –repetía el acobardado DJ a nuestras espaldas, histérico.

Cuando salimos a la calle, llena de fans desfallecientes, confusión por parte de los medios y comienzos de paranoia represiva a cargo de los agentes de la ley, escuchamos los disparos. Tres, para ser más exactos. Un pelotón de tipos ataviados de camuflaje gris y automáticas entró corriendo al Cabildo. Logré salir halando a Hilda por una puerta de cristal y accedimos a la calle. Sentía muchas cosas a la vez, pero, principalmente, ansiaba una cerveza bien fría. Atravesamos una multitud parloteante, tan solo un poco intranquila. Todo el mundo decía que había sido un apagón. Se había ido la luz en toda la cuadra, quizás, el vecindario. Los semáforos se habían apagado. Los negocios de electrodomésticos habían enmudecido. Los ventiladores no funcionaban. Eso, se había ido la luz. Hilda maldijo entre dientes a alguien y le incrustó un tacón en el dedo del pie. Avanzamos. Me pareció que nadie en aquel grupo se había bañado recientemente. A pesar del apagón y los disparos, los policías estaban tranquilos. Me pareció bien, pero, sin ninguna mala intención y objetivamente hablando, apestaba. Luego de unos cinco minutos de cuerpo a cuerpo, salimos a una calle llena de autobusetes, carros alquilados y muchos peatones asustados. Otros policías realizaban, simultáneamente, las complicadas tareas de dirigir el tránsito y prevenir un posible ataque terrorista. Hilda me haló a lo que entendí era la entrada a un *mall*. La puerta estaba llena de curiosos y turistas cargados de equipos de sonido y *souvenirs*. Reinaba cierta confusión. Las escaleras eléctricas estaban detenidas y algunas personas se habían quedado atrapadas en los ascensores. Todas las vidrieras de las tiendas estaban apagadas y empezaba a sentirse el aire caliente y encerrado de los aires acondicionados sin corriente. Nos detuvimos en las puertas de un local de juegos de video. En su interior, a oscuras, poco más de veinte adolescentes contemplaban estupefactos las pantallas apagadas de los juegos de video, esperando el retorno de la imagen.

–Tenemos que descansar –dije. Estaba exhausto. Toda la carrera. Los tiros. Aún no comprendía cómo habíamos salido tan rápido del Cabildo.

Hilda no me prestó atención, se asomó al salón de videojuegos y se quedó viendo una pantalla, tan zombi como los demás.

–Ey, Hilda –la llamé, un poco asustado–, ¿no te habrá dado un ataque de nervios, no?

Hilda señaló la pantalla de una caseta de *Mortal Kombat*. Un sujeto con la cara de reptil era rebanado en dos por una atractiva nena oriental. Miré el dibujo un momento y los ojos de la guerrera se encendieron de golpe. Una lengua de fuego cobró vida de repente. La pantalla de la caseta se encendió mostrando primero un extenso número de seriales, después las imágenes introductorias y la musiquita tecno de la presentación del videojuego. El resto de las pantallas parpadearon, otras solo sonaron. Volteé hacia la escalera eléctrica. Los peldaños comenzaban a moverse. Algunas vitrinas se encendían.

–¡Volvió la luz! –gritó aliviado un *teenager*.

Su rostro se iluminó aún más cuando empezó a matar *aliens*.

23

SÉ QUE BEBIMOS UN PAR de buenas cervezas frías en un bar, al lado de una peluquería, y, luego, en un acto que poco después consideré incluso genial, recordé mi celular y marqué en el directorio el nombre de Francisco Barrancón, que estimé debía ser sin duda nuestro chofer. Casi al momento contestó el hombre, todo admirativos, primero por nuestra suerte y segundo por los sucesos ocurridos. Efectivamente había sido un apagón y (también efectivamente) Toño había vuelto a hacer de las suyas.

—¡Créame que su compadre no debió venir, señor Bruno! —dijo la voz de Barrancón apenas distorsionada por las repetidoras—. De verdad, verdad que ese muchacho es sencillamente torpe. Quiso quitarle una pistola a un guardaespaldas. ¡Habrase visto! La pistola a un guardaespaldas. Disculpe la franqueza, señor Bruno, pero ¿ese muchacho tiene alguna dificultad?

—A estas alturas cualquier cosa, Barrancón. Para mí se está volviendo un ser casi mitológico.

—¿Cómo dijo?

—No importa.

Le di las señas de nuestra ubicación. Precisó con pocas referencias el centro comercial y dijo que en cinco minutos estaba parado en la salida norte del *mall*, al lado de la enorme tienda de zapatos. Dije *perfecto* como el tipo del cabello plateado de las series de Misión Imposible y colgué. Hilda había pedido un tequila para el camino. Después de aquella maravillosa demostración de reflejos se lo merecía.

–Sé que dentro de poco me voy a enterar de una de las estupideces de Toño –dijo llevándose el vaso a los labios– y no pienso estar sobria en ese momento.

Era mejor no decirle lo de la pistola y esperé a que terminara su trago para arrastrarla fuera del bar y caminar hasta la salida estipulada. Fiel a su palabra, Barrancón nos esperaba estacionado en línea amarilla y sonriendo. Hilda se sentó en el asiento trasero del Lada y yo en el del copiloto. Mientras Barrancón arrancaba Hilda le preguntó:

–¿Qué se sabe, Barrancón?

Nuestro chofer no dijo nada y encendió la radio. Estuvimos escuchando unos diez segundos de un aparente vallenato cuando la voz del locutor interrumpió para dar un extra.

–Los están pasando cada quince minutos desde hace una hora –aclaró Barrancón.

Se escuchó un ruido de fondo, algo de *feed back* y tiros. De improviso, la voz de un periodista surgió distorsionada por las ondas hertzianas y el miedo.

–¡Seguimos aquí, queridos radioescuchas, en el Cabildo de nuestra capital estatal, en lo que parece un fallido intento terrorista en contra de esta institución! –más tiros, luego groserías distorsionadas–. Aparentemente un grupo indeterminado de antisociales intentó agredir a algunos invitados al almuerzo... –tosecita– Ehh... bufé, en honor al senador Rubirio Tortoza que se realizaba en el salón Gran Mariscal del Tequendamo. Por fortuna, el apagón que sufrió momentáneamente la ciudad impidió que los insurrectos completaran el ataque y permitió, a la vez, una rápida respuesta por parte de los efectivos de seguridad. Aparentemente uno de los insurrectos ha caído bajo el fuego oficial y otro más está siendo... Eh... Contenido por el comando antiterrorista estatal... Nosotros, gracias a la magia de la línea de celulares Telcel estamos aquí trayendo la cobertura de los... –se escuchó un tiroteo no muy organizado y un terrible pitido que culminó en el tu-tu de los teléfonos celulares cuando te trancan.

Volvió el vallenato. Barrancón bajó el volumen.

–Es pura paja, señorita Hilda –dijo–. Un celular de uno de los reporteros de una emisora que no fue afectada por el apagón estuvo trasmitiendo este desorden después de que se fue la luz. Casi quince minutos. Yo lo escuché porque me estaba comiendo una empanada en el carro –Barrancón subió su vidrio y encendió el aire acondicionado, continuó–. Al parecer su compañero de trabajo...

–Toño –escupió Hilda, toda desprecio–. El cabrón se llama Toño.

–Ese, Toño, creyó que lo iban a matar, se cagó –y disculpe la palabra, señorita, pero es que no le cuadra otra– e intentó agarrarle la pistola, en lo oscuro, a uno de los de seguridad. Parece que se le fue un tiro.

–No era para menos –volvió a escupir Hilda, un poco más sarcástica.

–Allí se acabó todo. Se lo podrá imaginar. Pero no sé los posteriores, señorita, porque se cayó el celular y al parecer lo rompieron. El resto han sido estos payasos hablando en los extras, todos chorreados e inventando esa historia del ataque terrorista. Yo en mi vida he visto a ningún terrorista por estos lares, señorita Hilda.

–Para desgracia de todos –concluyó Hilda–. Barrancón, llévenos al hotel. Necesito un baño. Me importa un rábano si se acabó el mundo. Me quiero duchar. Y después voy a dormir al menos una hora.

–Me parece bien. Así no se me estresa, señorita Hilda.

–Eso es. Cero estrés. Estoy reventada –se acomodó en el asiento trasero–. En cuanto a Toño, pues mira, qué te puedo decir. No esperaba menos de él. Ojalá que, por lo menos, haya recibido un tiro. No pido más. Un tiro. En una bola, de ser posible –bostezó–. Me encargaré de él después de unos mensajes comerciales.

Acomodó sus cabellos ligeramente rizados en una esquina del asiento y cerró los ojos. No sé si se durmió, pero al menos se le vio más relajada.

Al desenchufarse Hilda, Barrancón volvió a poner la radio. Toño, algunos extras después, había pasado de ser el tipo que le había agarrado la pistola al guardaespaldas al que alertó (valerosamente y todo) de la intentona terrorista. Según lo vendían los colegas, Toño, gracias a su asombrosa visión de rayos X, supongo, había notado un movimiento sospechoso por parte de unos mesoneros. ¡En una esquina del aquel salón a oscuras! El gesto, que en un principio se había entendido erróneamente como un intento de Toño por apoderarse del arma, no fue sino una rápida y crucial advertencia del DJ al funcionario de seguridad, un halón de mangas para advertirle, silenciosamente (*silenciosamente* dijo el tipo de la FM 190 sin la menor pena) de la inminente escaramuza. De más está decir que el ataque había fallado, en este caso no gracias al DJ –que al parecer se lanzó gritando bajo una mesa y, como seguía oscuro, enterró las narices en una pata– sino al alertado oficial, que procedió sin contemplaciones a descargar la cacerina sobre un sospechoso aún no identificado. Los de la 144 Tropical afirmaban que este último había sido, en efecto, un invitado al bufé, pero el resto de los emisarios acabaron por desmentirlo. Las pocas y escuetas declaraciones oficiales lo contradijeron tajantemente y anunciaron que en el curso de las próximas horas remitirían un comunicado oficial explicándolo todo, además de una rueda de prensa con el gobernador y, no faltaba más, el senador Tortoza. A él, se suponía, estaba dirigido el atentado. Apagué la radio cuando alguien dijo *la democracia, nuevamente, escapa de las fauces del caos insurreccional.* Barrancón se metió por los callejones menos transitados y en cuestión de minutos llegamos al hotel. Para mi fortuna, se ofreció a llevar a Hilda a su cuarto. Se lo agradecí y decidí tomar un par de tragos antes de subir a mi *suite* y dormir al menos un milenio. Los sucesos me habían dejado reventado.

No encontré mucho consuelo en el bar, sobre todo por el ambiente. Estaba rodeado de albañiles berlineses celebrando el verano y la televisión estaba puesta con el sonido al tope. Entre anuncios de comida rápida y pañales para adultos empapados de líquido azul, las noticias me mostraron un grupo de trabajadores de la planta eléctrica de la isla. Estaban parados a unos cincuenta metros de la edificación y contemplaban absortos, y supongo que muy contentos de seguir vivos, una raja en el suelo por la que podía caer un camión. Cuando uno de los reporteros le preguntó al más viejo del grupo si la planta estaba construida a prueba de sismos, el tipo comenzó a reírse y tuvieron que irse a negro. Eso fue lo más que pude soportar y pedí la cuenta.

Entré a mi cuarto unos cinco minutos después. Estaba tan cansado que no reparé en Manuela hasta después de colgar el paltó en el closet.

Se extendía sobre mi cama, boca arriba y me contemplaba con curiosidad. Solo llevaba puesto un sostén y una pantaleta. El resto de su atuendo estaba pulcramente alineado en el suelo como uno de esos kits de cartulina para vestir muñecas.

—Lo que acabas de hacer me ha dado en el ego —dijo sonriendo.

—¿Cómo entraste aquí, Manuela?

—¿Ni *hola* me vas a decir?

—Hola, Manuelita. ¿Cómo entraste aquí?

–Le pedí al botones que me abriera. Le dije que era Tita y le pagué unos billeticos.

Me dieron ganas de decirle cualquier cosa. Lo hice.

–¿Por qué no me dijiste que Tortoza era tu padre? –pregunté despreocupadamente.

Ella suspiró. Se quitó la pantaleta y la puso sobre la mesa de noche. Luego desabrochó su sostén y lo acomodó junto a la pantaleta. Se paró erguida en medio de la cama, desnuda y bastante segura de sí misma. Su vagina me contempló fijamente, henchida de promesas.

–¿Eso importa mucho, mucho? –preguntó Manuela.

No dije nada. Comencé a desabrocharme el cuello de la camisa y avancé hacia la cama.

24

EL TELÉFONO SONÓ en lo mejor del asunto.

–¡No pares por Dios y tu madre! ¡No pares! –gimió Manuela con la cabeza enterrada entre las sábanas con dibujos de caracolas.

–Podría ser Tita –dije.

–¡Podría ser el jodido Santo Padre, pero no pares!

–Podría ser Hilda.

–¡Me importa un güevo!

–Tengo que contestar, querida.

–¡Lo que te salga del forro pero por el amor de Dios no se te ocurra parar!

Contesté. Era Hilda.

–Hola, príncipe del Ceilán –dijo. Su voz sonaba tensa. Podía imaginarme sus mandíbulas en el acto de desintegrar a nivel subatómico un chicle con sabor de, no sé, banana de la jungla– ¿Cómo están todos allá arriba?

–¿Cómo estamos todos? –pregunté.

Manuela dejó de resollar. Sus ojos se asomaron como platos a través del desorden rubio de sus cabellos.

–¿Es Tita? –preguntó con una voz gutural. Estaba asustada, excitada y tenía al menos tres metros de tela en la boca.

Negué con la cabeza. Ella soltó un bufido y continuó.

–Me refiero a ti y el gafo del tupé –dijo Hilda.

—¿Toño? ¿No estaba declarando?

—Eso pensamos todos. Parece que se escapó. Según me dijo su productor ejecutivo, les clavó una labia rarísima a los oficiales sobre que se sentía amenazado y consideraba que los cuerpos policiales eran incapaces de protegerlo, así que se piró. Como está enamorado de ti pensé que había ido a tu cuarto. Tiene que volver aquí, al menos a buscar ropa.

—No lo he visto y, te digo, Hilda, con lo pavoso que se ha puesto últimamente no lo quiero ver ni de lejos. Capaz y nos cae un meteorito.

—No te culpo. Y despreocúpate, no lo verás mucho mañana. Los de la emisora consideran que está muy estropeado para presentarse y, además, por lo de la burrada con los oficiales ahora tiene que rendir declaración mañana. De seguro estará todo el día. Parece que la vaina de verdad fue un ataque terrorista, Bruno, como los de la Radio Televisión Española. Con muertos y todo.

—No lo puedo creer. Oí los disparos y estoy seguro de que fue Toño, con los nervios y la histeria, intentando arrebatarle la pistola al de seguridad.

—Yo también creía eso, idiota, pero ¿tú no has visto las noticias?

Miré a Manuela.

—He estado durmiendo —dije. Los bufidos aumentaron.

—Suenas como sofocado.

—Es que empecé a hacer flexiones.

—Haces bien, te están saliendo rollos. Pero el caso es que esto es un mariquerón, Bruno. El atentado y el terremoto. ¡El terremoto, Bruno!

—Un sismo, Hilda, no es para tanto.

—¿Para tanto? Lo del temblor no fue broma, nene. Tengo un primo que trabaja en el Observatorio Cagigal.

—Pensé que los observatorios monitoreaban el cosmos.

—Los de Discovery Channel, Bruno, los de Discovery

Channel. Aquí lo monitorean todo. Mi primo revisó las lecturas del medidor sísmico y dice que segurito viene otro. Y mira que ese es el único de la familia que estudió en el exterior, diplomas en el Geofisical Institute de la no sé qué cosa y todo eso. Dice que lo que viene es candanga. Ya se ha pelado otras veces, pero poquito, Bruno, poquito. Y eso no es nada en comparación con lo del atentado, mi amor. Las noticias del 33 mostraron a los del grupo antiterrorista sacando un cadáver. El tipo recibió la balacera completica. Al parecer se escapó otro, a quien no logran identificar, posiblemente una mujer, dijeron, que acompañaba al terrorista. No estaba anotada en la lista de invitados. El otro terrorista sí.

—¿El cadáver?

—Sí.

—¿Dijeron el nombre?

—Sí. Un tal Estacio. No sé qué, no sé qué Estacio. ¡Una locura, Bruno! Resultó ser un tipo que se estaba lanzando para senador del estado. Un político joven de uno de esos partidos rarísimos, de los que nadie sabe nada, tipo ñangarosos revolucionarios. Hace rato pasaron a los de la policía allanando la casa regional del partido, a cinco cuadras de aquí, buscando armas y sindicados. ¡Igualito a Elliot Ness pero con negros! La estaban volviendo porquería.

No es que todo aquello no me pareciera tan apasionante como a Hilda, pero para ser justos Manuela no estaba durmiendo precisamente, reclamaba mi atención y, por decirlo con elegancia, mi empuje. Hilda pareció sospecharlo.

—En todo caso, te estoy llamando —continuó— para que estés pendiente si ves a Toño. Mañana te presentarás tú solo, por fortuna. Iremos desde temprano al concierto a hacer la jodida prueba de sonido que no hicimos hoy, por andar yendo a ese manicomio. Por cierto, ¿tienes hambre?

—No mucho.

—Me extraña. Estás sonando muy raro, Bruno. ¿No estarás allí con una fan quinceañera, pillín?

Miré el culo de Manuela. No era un culo quinceañero.

—Estoy con siete —dije—. Niñas exploradoras. La mayor tendrá trece.

Hilda lanzó un suspiro pespunteado por el chicle.

—Sigue jodiendo, chiquitín —dijo—, mira que con todo lo que nos ha pasado lo último que nos falta es tenerte a ti con una mamita de bachillerato.

—No te preocupes. Me doy un baño y me duermo. Estoy reventado por lo de hoy.

—Te entiendo, Bruno, créeme que sí. Pero tranquilo, mañana será nuestro gran día. Ese concierto va a ser un bombazo.

—Mientras no sea atómico.

—Así me gusta. Viva el buen humor. Hasta mañana, Brunin, voy a ver si ceno algo con los muchachos de MTV.

—Dios los ampare.

—Amén.

Colgué. Manuela ni se dio por enterada. Sacó la cabeza de entre las caracolas y todo su cuerpo pareció sacudirse por el impacto de un relámpago.

—¡Aquí viene! —dijo—. ¡AQUÍ VIENE, COÑO DE LA MADRE, MALDITA SEA... HIJO DE PUTA, AQUÍ VIENEEEE...!

Su vocabulario quizá no respondía a su fina educación y su elegante porte, pero tenía razón. Aquí venía.

Durante un rato no dijimos nada. Luego me preguntó:

—¿Crees que soy puta?

—Sí —respondí.

Me levanté, entré en el baño y meé unos minutos. Lavé mis manos. Para cuando salí, ella ya se había ido. Su risa se escuchaba por el pasillo.

25

VÍCTOR LLEGARÍA DENTRO DE UN PAR de horas para ver si yo había sucumbido a los encantos de la economía alternativa. Aquello todavía no estaba claro para mí. ¿Debía aceptar esos billetes?, ¿ganar aquella fortuna de aquella manera tan irregular? No lo sabía aún. Y no era por dármelas de moralista. La verdadera razón de mi inseguridad eran las probabilidades. ¿Estaba yo en la lista de los que no agarraban o de los que sí?, ¿era de los que huían o se quedaban?, ¿lo tenía o no lo tenía? Repasé los acontecimientos de aquella mañana. Recordé los chillidos de Toño y los tiros, nuestra huida hacia el centro comercial. Recordé de nuevo mi discurso (o mejor dicho, lo que Hilda había dicho de él). Recordé, no lo dudes, el billete de cinco mil.

Abrí la gaveta buscando la Biblia. Me parece que inconscientemente necesitaba darme un empujoncito, y no había nada mejor para ello que la estampa de aquel voluminoso dígito impresa en la esquina de ese papel.

Lo hice con mucha fuerza. Tanta que la Biblia se vino impulsada desde el fondo del cajón, acompañada de una grabadora.

Tardé unos dos segundos en darme cuenta de la grabadora. Los siguientes seis transcurrieron con un diálogo de voces en mi mente. Una chillaba aún peor que Toño y me decía que saliera corriendo de allí lo más rápido posible. La otra me dijo que me calmara y empezara a pensar. La segunda ganó el debate por una nariz. Me di cuenta de que la grabadora estaba encendida, en REC. La apagué y me quedé viéndola durante un rato. Era una grabadora de mano, de esos *cassettes* pequeños. Por lo que pude leer del *cassette*, podía grabar siete horas, cosa que me pareció sorprendente para un aparato tan chiquito. Retrocedí la cinta y empecé a escuchar. La calidad no era muy buena, pero pude escuchar unos cinco minutos de sonido ambiental, luego a mí entrando en el cuarto. La pequeña conversación precoital con Manuela no se entendió para nada (mi voz estaba distorsionada y no se escuchó, afortunadamente, ni mi nombre ni el de Manuela). El coito en sí se entendió muy bien y daba la impresión de que Manuela ejecutaba, sobre todo a lo último, el sacrificio de un animal. Mi conversación con Hilda también había quedado oscurecida, esta vez por los intensos gemidos de Manuela que parecieron acaparar la cinta magnetofónica en aquel momento. Se escuchó medianamente bien cuando Manuela me preguntó si era puta y mi respuesta, mucho más queda. No se escuchó su risa. Después sonaron los quince minutos en los que no estaba al tanto de la grabadora y especulaba sobre mi futuro. Por último, el golpe contra la Biblia y el clic al ser apagada.

De aquella repetición instantánea de mi vida en los últimos cuarenta minutos saqué solo una conclusión cierta: Manuela había puesto el grabador y me había esperado. El resto era pura tormenta creativa. ¿Quería grabarnos copulando para después chantajearme con ello? ¿La cópula fue solo para despistar y en realidad quería grabar otra cosa? No por nada aquella porquería podía grabar siete horas seguidas ¿Trabajaba solo en función de sus desviados (en resultado e intención) impulsos personales o a las órdenes de otros personajes como su padre, el senador Tortoza, Víctor, Toño o, incluso, el imbécil de Rolando por lo que a mí concernía? Cualquiera era la respuesta. Lo único convincente era el billete de cinco mil. Lo saqué de la Biblia. Lo estrujé con mi mano derecha, mientras sostenía con la izquierda la grabadora. Calculé sus pesos. Aunque todas las leyes de la física lo contradecían, el billete pesaba sobre mi mano como un ladrillo de construcción. La grabadora parecía una lata llena de aire.

Volví a colocar la grabadora en su sitio. El escucharme distorsionado en el aparato, con mi voz y mis actos perteneciendo a un fantasma incapaz de dejar sus huellas con nitidez sobre la cinta del *cassette*, me produjo una extraña euforia, como si acabara de descubrir un extraño súperpoder en mí. Imbuido en esa euforia revisé mi cuarto de hotel durante media hora, registrando en cada escondrijo en busca de otro grabador. A lo mejor el de la gaveta era solo un señuelo, pensé, convertido de improviso en James Bond. No descubrí nada. Manuela me pareció más encantadora aún, supongo que por lo idiota. Me sentí un poco estúpido por mi exagerada precaución.

Estaba muy cansado, así que me tiré sobre la cama, con los acontecimientos del día disolviéndose en mi cerebro, arrullados por el Rozac. Me quedé dormido entre las sábanas, impregnadas del aroma del detergente suavizante y del sexo de Manuela.

26

VÍCTOR LLAMÓ A LA PUERTA a eso de las nueve de la noche.

—¿Estabas dormido? —preguntó al entrar. Por un momento me recordó al tipo que recomendaba las legumbres en los comerciales de televisión de MacroAbastos.

—Más o menos —respondí.

—Te diría para pasar luego, pero dada la naturaleza de mi visita...

—Claro, pasa.

Se sentó en la cama y sacó un cigarrillo.

—Sé que es una decisión complicada —dijo—, pero es un buen favor. Es incluso hasta cristiano.

—Mi madre.

—Sí, vale, va muy bien con aquello de «el que da recibe».

—Cristianisísimo.

—Sigues dudando de mí, ¿eh?

—Por supuesto, Víctor, pero tranquilo que no es personal. En realidad, dudo de todo. Dudo de si estaré vivo el próximo minuto, dudo del gobierno, de los empresarios y del transporte público. Dudo incluso de Dios, pero como eso hasta los momentos no me ha jodido para nada, no me importa mucho.

—Eso está bien.

–¿Perdón?

–Bruno, Bruno, Bruno, vivimos en unos tiempos locos. Entiendo tu preocupación. De hecho, no confiaría en ti de no ser así. Me identifico contigo y todo.

–¿Esta es la parte en la que te paras y me golpeas con un bate?

–No.

–¿Te paras, te vas y después alguien me golpea con un bate?

–Tienes que dejar de ver tanta televisión, Bruno, te está jodiendo el cerebro. Mucho Tarantino –suspiró–. No voy a hacer nada de eso. Sencillamente digo que no hay ningún problema con la duda.

–¿Cuándo dejaste el tráfico y te metiste a filósofo?

–Ey, no se necesita una universidad para filosofar, *broder*. Solo digo que te ofrezco medio millón de dólares por un favor y ya está. Eso es filosofía. ¿Quieres certeza?, ¿quieres seguridad? Eso es en el cuarto de al lado, Bruno, donde hay un matrimonio aburrido hasta los tuétanos, aburrimiento cinco estrellas además, que tienen de eso por toneladas. Y confianza también, Bruno. Confianza, certeza y seguridad para esos momentos en que a él no se le para y a ella no se le moja, no dicen nada y se acuestan a dormir después de ver *Baywacth*.

Encendió el cigarrillo y dejó escapar una nube azulada. Su rostro quedó cubierto por una efímera máscara de humo.

–El punto es, Bruno –dijo suspirando–, que ¿para qué vamos a caernos a mentiras? Yo sé quién eres tú y tú sabes quién soy yo. No vendría a tu cuarto a proponerte una oferta semejante de no ser así. Tienes que admitir que este es el tipo de ofertas que de alguna u otra forma deseas oír en este momento de tu vida, ¿no?

Dejé pasar un pequeño escalofrío, disuelto satisfactoriamente por el Rozac. La idea de que Víctor fuese telépata pasó durante un milisegundo por los tejidos de mi cerebro para después, por fortuna, desvanecerse. Volví a intentar descifrar su mirada pero los resultados fueron iguales que la vez anterior. En su voz, por el contrario, detectaba un atisbo de verdad, una verdad terrible tal vez, pero verdad al fin.

–Es así de sencillo, Bruno –continuó diciendo–. No es que yo te estaba ofreciendo el medio millón, es que tú estabas queriendo un medio millón. Dios no nos da las cosas como las queremos, pero nos las da. Nuestras metas son más elevadas, nuestros medios son un pelo más ortodoxos. ¿Para qué pensarlo demasiado si así funciona? –dijo con una sonrisa por la que matarían unos cuantos predicadores famosos–. ¿Qué vamos a hacer, Bruno? –preguntó, convertido en confianza en polvo– ¿Fuimos o no fuimos?

Algo en mi mirada no lo convenció. Con un rápido movimiento abrió la gaveta de la mesa de noche y sacó la grabadora. Supongo que quería mostrármela, pero se sorprendió ligeramente de que ya estuviera desconectada. La vio por un segundo. Levantó la mirada.

–¿Llevas micrófonos ocultos? –pregunté.

–No. Puedes revisarme si quieres.

Lo hice.

–Te dije que conocía al tipo –exclamó jovialmente mientras lo revisaba.

No encontré nada. Suspiré aliviado. Solo me quedaba una cosa por averiguar.

–¿De verdad tienes ese medio millón de dólares? –pregunté con uno de los tonos más serios de mi vida.

–Claro que lo tengo –respondió. Su voz era neutra, impersonal, como si viniese desde el otro cuarto–. ¿Crees que te haría semejante oferta si no?

–Pensé que era un favor.

–Llámalo medio millón de dólares para que suene más corto.

—Ok –dije–. Quiero una mitad ahora.

Víctor sonrió como sin quererlo. De seguro era un excelente jugador de dominó, pensé.

—¿Tienes una cuenta o quieres que te asigne una? –dijo.

—*Cash*, nene, *cash*.

—Ay, Bruno.

—Ay, Víctor.

—Estás siendo grosero.

—Eso no suena muy bien cuando lo dices con esa grabadora en la mano, mi apreciado Víctor. Estoy siendo un alumno aplicado de la *Laif Iuniversiti*. Me moveré solo con el efectivo. Lo quiero todo en el momento.

—¿Viste que estás viendo mucha televisión? ¿Qué cosa es esa de *lo quiero todo en el momento*? *¿Policías de Nueva York?* Nunca veo esas cosas, Bruno, no son reales. La televisión no es real.

—En estos días ya no hay mucha diferencia entre las dos cosas, a menos que cuentes los desnudos. Además, hablando claro, tú y yo sabemos que si viniste hasta mí con ese paquete es porque no tienes una mejor vía de salida. Así que, como dijo un famoso filósofo: ¿Fuimos o no fuimos?

Hizo como que lo pensaba durante un momento.

—*Okey* –dijo–. Tendrás el dinero, pero no ahora. Te lo daré todo con el maletín.

Me tendió la mano. Le di un apretón fuerte. A fin de cuentas aquello era un pacto. Para bien o para mal a ninguno de los dos nos convenía jodernos mutuamente. Al menos por el momento.

—Perfecto –dije soltándolo–. Ahora explícame qué coño está pasando.

—¿Quieres que te diga qué tiene el maletín?

—Me importa un rábano mientras no explote. Me refiero a esa puta grabadora que tienes en la mano.

—Es una belleza. La compré en Nueva York. Graba hasta los pedos de la moscas.

—¿Quieres mandar ese maletín por Federal Express, Víctor?

—Puede que no sea un maletín, sino tal vez un bolso, pero no te pongas así. Además, no fue idea mía, sino de Manuela.

Le dio una última calada al cigarrillo y se asomó por el balcón. Lanzó la colilla al vacío.

—Quiere hacer las paces con su padre, volver a ganar su confianza. O al menos esa es la idea del mes —dijo Víctor—. Se enteró de que el viejo quiere que seas su adalid en la campaña. Lo quiere de verdad. Al parecer, Toño es un desastre y no tiene tanto *rating*.

—¿Al parecer? —dije— ¿Qué más necesitan para probarlo?

—Eso mismo dije yo. Manuela pensó que si te grababa haciendo tratos conmigo podría chantajearte para que trabajes con su papi.

—¿De dónde sacó esa idea?

—Conoció a Toño a través del papá y el tipo le dijo que estabas en su lista y eras periquero o algo así, supongo que para levantársela. Manuela lo mandó a freír espárragos, pero después escuchó al senador quejándose de lo difícil que era convencerte para que aparecieras en su campaña y la tipa encendió bombillos. O al menos eso creo. Conociendo a esa mami, a lo mejor se le ocurrió viendo una telenovela ¿cómo saberlo? —lanzó un bufido—. Créeme, Bruno, esa mujer podría tener un pelotón de psiquiatras trabajando en esa cabecita cincuenta años y dejarlos a todos en coma. Personalmente, creo que le gustas y hace todo esto para que dejes a la Tita y te la termines cogiendo.

—Ya me la cojo —dije nomás para ver qué cara ponía Víctor.

Sacó otro cigarrillo y me dedicó un gesto comprensivo. Todos se cogían a Manuela ¿qué le íbamos a hacer?

—Lo sé –dijo–, pero en apariencia lo desea más seguido. Tiene una cabeza muy complicada la jeva. Ni contarte la totona.

—¿Por qué una grabación? Tú también apareces en ella, te implica.

—Ey, solo eres tú hablando con un tal Víctor Hojilla. Digamos que ese no es precisamente el nombre que aparece en mi cédula.

—Eres un cabrón.

—No, Bruno, soy el hombre del medio millón, y no me refiero a la serie con Lee Majors.

—Eres seis millones pero tienes un punto.

—Aproveché la situación Bruno. Necesitaba llevar este paquete y sucedió que conocía a la fulana. Era un buen truco usarla a ella para llegar a ti, ya, en este momento. Se dieron las cosas. Además es un truco, ya viste que iba a apagar la grabadora. Te lo iba a decir todo.

—No entiendo por qué no me lo dijiste todo desde el primer momento.

—No creas que desde siempre tú has estado en el plan maestro, compañero. Tuve que improvisar. También necesito a Manuela. Verás, Bruno, tan solo eres el tipo con suerte de la semana. Sucede poco pero sucede, como ganarse la lotería o los caballos. No digo que no seas inteligente, sepas alguna que otra cosa o no te respete, aunque para serte sincero a veces me pareces un quemado, pero en lo relativo a todo esto –dijo haciendo un ademán con la mano englobando el universo, y sí, el medio millón de dólares en su esplendoroso *technicolor*– eres solo un tipo con suerte –exclamó–. *El* tipo con suerte. Solo tienes que reconocer la belleza de la situación. Nada más.

Víctor encendió el cigarrillo.

—Es verdad –dije–, soy el tipo con suerte.

Lo consideré una observación objetiva. Tal vez para

Víctor la suerte era caprichosa y dispensaba sus favores arbitrariamente, pero para mí había que ganárselos a pulso. Las cosas estaban marchando bien. Desconfiaba, claro. A la vez, solo en esa incertidumbre me sentía seguro. Allí se podía esperar cualquier cosa de todos y de todo.

Víctor terminó rápidamente su segundo cigarrillo y lanzó la colilla por el balcón.

–Mañana como a las cinco alguien tocará a tu puerta –dijo–. Estate despierto para que abras rápidamente y veas lo que el Niño Jesús te ha dejado. Como en la televisión –agarró el grabador y lo guardó en su chaqueta.

–¿Qué le vas a decir a Manuela sobre la grabación? No hay nada en esa cinta.

–No te preocupes por eso, Bruno –dijo abriendo la puerta. Miró el pasillo durante unos momentos–. Para eso me pagan. Mañana me pondré en contacto.

–Mañana es el concierto. Va a ser un mariquerón. ¿Seguro que podrás contactarme?

–Ni lo dudes –dijo.

Ni lo dudé.

Se puso unos anteojos oscuros.

–¿De verdad no quieres saber lo que lleva el maletín? –preguntó.

–¿Qué maletín? –respondí.

Víctor sonrió y se alejó sin despedirse.

27

Y ASÍ, EN EFECTO, ME ENCONTRÉ en algún momento cercano a las cuatro de la madrugada del día siguiente vestido y en cuclillas, al lado de la puerta de mi cuarto de hotel. Llamaron solo una vez. No escuché ni los pasos. Abrí inmediatamente y encontré, en medio del pasillo desierto, una bolsa roja y grande de Le Coq Sportif. La metí adentro y, por lo que pude comprobar, nadie me vio.

Deposité la bolsa sobre la cama y me quedé viéndola por un rato, en la penumbra. No sabía qué pensar y mis manos temblaban ligeramente. Con suma delicadeza, como si destapara la mortaja de un fallecido, abrí el bolso y encontré en su interior un maletín Samsonite negro y otro bolso, pequeño y también negro, esta vez de la Adidas. Estaba parcialmente abierto y no tardé mucho en percatarme de su contenido. Eran los noventa y nueve billetes restantes de cinco mil dólares que completaban el medio millón prometido por Víctor.

Los cuarenta minutos que pasaron después de eso los gasté parado en medio de la habitación, con los billetes en las manos, esperando. Esperaba que la policía rompiera la puerta gritando ALTO, que Víctor Hojilla llamara para decir que el negocio se había cancelado. Esperaba descubrir que los billetes eran falsos y no tenían el menor valor.

Incluso, esperaba para asegurarme de que los billetes no se deshicieran como la niebla entre mis dedos y todo no fuera sino un agradable sueño del Rozac. Nada de esto sucedió. Afuera sopló el viento de la madrugada y las olas rompieron en la playa. Escuché crujir los billetes en mi mano y el zumbido del aire acondicionado.

No pensé más nada. Ni cuando dejé de sostener los billetes y los guardé, uno a uno, en la Biblia del hotel, escondiéndolos entre las páginas. Mi mente fue un pedazo de papel en blanco mientras guardaba la Biblia en una de las maletas de mi equipaje y luego tomaba el maletín y lo deslizaba bajo la cama.

Estaba todo sudado, por los nervios seguro, y decidí darme un baño. A las seis entré en la ducha y a las seis y cuarto salí. Me sentí un hombre nuevo, diferente. Pensé en el maletín bajo la cama y la Biblia en mi equipaje y me di cuenta de que, tal vez, en realidad así era.

28

LA JORNADA DEL CONCIERTO comenzó con tres Rozac, los últimos tres Rozac del frasco de Tita. No sentí ninguna angustia particular al darme cuenta de que eran los últimos tres y me los tragué sin preocupaciones. Reservé, eso sí, discretos honores al frasco que me había acompañado fielmente durante los últimos días, dejando caer sus restos vacíos en las tumultuosas aguas de la poceta. Mi calma casi me sorprendía. Era maravilloso lo que medio millón de dólares pueden hacerle a la autoestima de los individuos.

Mi plan consistía en contactar a Tita para abandonar la isla apenas finalizara el concierto. Nos encontraríamos en el aeropuerto y nos iríamos a pasar el resto del fin de semana en su apartamento de soltera en la capital. Yo confiaba en que Víctor me contactaría de nuevo en el hotel o en el aeropuerto. Cargaba el celular encendido (cosa que nunca había hecho en vida y me causaba, no sé por qué, cierto nerviosismo) y no dudaba de las artes ubicuas de mi asociado temporal. Sabía que era capaz de encontrarme en cualquier lado, así me mudara al fondo del mar.

Desayuné con Hilda en su cuarto mientras veíamos las noticias por la televisión y leíamos los diarios. El atentado terrorista, del que habíamos escapado milagrosamente según Hilda, reñía en importancia con nuestro concierto, atiborrado de chismes exagerados y promesas más exageradas aún. Se había comprobado que el atentado buscaba acabar con la vida de Tortoza. No estaba claro si todo el partido de la Democracia Revolucionaria o una facción radical de este habían planeado el disparate. Las pesquisas hechas en la casa del partido en el estado (a las que los demócrata-revolucionarios que trabajaban en el lugar describieron como vandalismo policial y animalada en diferentes oportunidades) no habían arrojado mucha luz sobre el caso y aún se procesaban las evidencias recolectadas. Los promotores del concierto, por otra parte, anunciaron que, en vista de que las entradas se habían agotado, ensancharían el área del concierto para que cupiese más público. La nueva serie de entradas se empezaría a vender a todos los que llegaran al concierto por la mañana. A pesar de los innumerables comentarios acerca de la dudosa seguridad del evento y las anomalías en las asistencias de ciertos grupos, los promotores aseguraban que todo se llevaría a cabo sin el menor inconveniente. Para demostrarlo, Los Cotorras habían dado una rueda de prensa a propósito, entonando una especie de himno ska que le habían compuesto al concierto. Cambié de canal en los coros introductorios y me zampé un bocado de panquecas con salchicha. Sabían a plástico. Toño apareció congelado a tres metros del piso, en el aeropuerto, como vaso comunicante de los dos polos noticiosos. El destacado DJ, dijo una morenita de lo más guapa, había sido uno de los testigos más cercanos al atentado fallido y, muy a su pesar, sacrificaría su presentación en el mega concierto de esta tarde para cumplir su deber ciudadano y prestar declaraciones a los oficiales, cosa de solucionar lo más rápido posible el desventurado episodio. O al menos eso había dicho un vocero de la radio, ya que según Hilda, mi oráculo del chicle bomba, de Toño no se sabía nada desde la tarde anterior. Mejor así, pensé. Conocía la capacidad entrópica de Toño y, en estos días, incluso a mí me asustaba. Hilda terminó de comer primero. Como no podía estarse quieta (al fin y al cabo ella no tomaba Rozac, como yo) decidió bajar primero a Planta para contactar a Barrancón, nuestro chofer. Yo seguí viendo televisión hasta terminar mi desayuno. Un sujeto del Observatorio Cagigal (que no era el primo de Hilda) apareció sosteniendo una hoja que parecía la gráfica cardíaca de un caballo de carreras. Decía que este era un movimiento telúrico importante, el mayor en los últimos treinta años y que a esas cosas había que tenerlas precisadas. No me asustó mucho cuando el sujeto reveló que la isla se encontraba sobre una falla. ¿Acaso no lo estamos todos?, dije en voz alta. No me respondieron. Apagué la televisión y fui a mi cuarto a cepillarme los dientes. Estaba haciendo gárgaras cuando sonó mi celular. Era Tita.

—Amor mío —dijo—. ¡Te he extrañado tanto!

—Tita, ¿ya llegaste?

—Aún no, Bruno, te estoy llamando desde el avión de papá. ¿No escuchas las turbinas?

—Solo tu voz, Tita, solo tu voz.

—Qué romántico eres, Bruno —podía imaginármela tan guapa como siempre diciendo aquello a dos mil metros de altura—. Me gusta eso de ti.

—¿Lo romántico?

—Como hablas. Anda, Brunito, háblame. Cuéntame cómo te ha ido últimamente. Vi lo del temblor en el noticiero ayer y casi me da un patatús. Son complicadas las cosas en esa islita de mierda, ¿no?

—Tú lo dijiste. Desde que llegué no han dejado de suceder disparates. Además, acabo de enterarme de que toda esta zona está sobre una falla tectónica. No me gustó para nada, Tita.

—¿Y tú crees que a mí sí, Bruno? Te lo juro que siento que vamos a aterrizar en, no sé, Pompeya, amor mío. Yo quería quedarme contigo en esa isla, Bruno, de lo más *Laguna Azul* por lo menos el fin de semana, pero ahora no. Me da miedo. No quiero estar comiendo pescado frito y que comience a temblar, Bruno. Anoche soñé con eso y me parece una forma ridiculísima de morirse, con las manos empegostadas y oliendo a carite.

—Sí, yo estaba pensando lo mismo —dije, como si yo también lo hubiese soñado, cosa que, ey, no había ocurrido. Había soñado eso sí, con Tita ayudándome a gastar los dólares. No era una idea tan loca. Después de todo, solo con ella podía darme el gusto de sacar un billete de cinco mil dólares en público sin que se apareciera seguridad. Seguí hablando—. Incluso diría salir apenas termine el concierto.

—Más temprano, Brunito. Ese es un concierto para tierrúos. Va a terminar a las mil y quinientas. No van a parar de bailar y con Los Cotorras no te quiero ni contar.

—Es cierto. Me escabulliré al final. Tengo un buen chofer.

—Para algo tenía que servir Hilda.

—¿Qué, te da celos?

—Bruno, no digas esas cosas. Tú sabes que ella me cae bien. Es solo que tiene ciertas manías.

—¿Por ejemplo?

—¿Alguna vez la has pillado masticando un chicle? Aquella vez que te estábamos esperando para comernos la sopa mongolesa la vi acabar con una tableta de Adams Sour en segundos, Bruno, segundos. Te digo que de solo recordarla se me eriza la piel. Pero no cambiemos el tema, Bruno, dime que te escaparás temprano de ese desorden en el que te has metido y llegarás al aeropuerto. Nuestro avión estará en el hangar 3 25. Anótalo, por favor.

Hice como que lo anotaba. En realidad el número se fundió intensamente a mi cerebro.

—Allí estaré, Tita, como en el final de *Casablanca* —dije.

160

—Hmm, según eso yo debería estar casada con un francés.

—Entonces que se joda *Casablanca*, pero allí estaré.

—Te amo, Bruno. Bésame.

Besé el celular. Era un beso muy efectista porque debía sonar bien y estos aparatos no son muy sutiles. Tita me devolvió el beso. Dijo *nos vemos* con ansias que no me parecieron falsas y colgó. O se fue la línea.

La primera parte de mi plan estaba cumplida.

29

IBA DE SALIDA CUANDO HILDA abrió la puerta de improviso. Me apartó sin darse cuenta y prendió el televisor como si se le fuera la vida en ello. Vio a Maite Delgado sonriendo y comenzó a zapear frenéticamente. Se detuvo en el 33. Un locutor con aspecto capaz hablaba delante de un mapa. Una serie de círculos concéntricos incidían en un punto particular de ese mapa: la isla en la que actualmente nos encontrábamos. Hilda subió el volumen. Le dio tan duro al botón que lo rompió. Pude escuchar, antes de que la voz del locutor lo tapara todo, cómo también crujía la uña de su pulgar.

−... El movimiento telúrico −decía el comunicador social− alcanzó una intensidad de 7 grados y registró su epicentro en las costas occidentales de la mencionada isla. Hasta el momento no sabemos la cuantía de los daños y las características de los afectados, pero nuestro equipo se encuentra en la zona y solo es cuestión de momentos para que contactemos con... −Hilda lo silenció de un solo *off*. Tiró el control remoto en el piso y se sentó en la cama. Luego se dejó caer de espaldas.

−Me acaban de llamar desde el lugar del concierto, Bruno.

No dije nada.

—Se cayó todo —dijo con voz queda—. Literalmente. Parece que se abrió una grieta y todo.

Seguí sin decir nada. Hablando con franqueza, podía creerlo. No hacía falta ni repetirlo. No era para dármelas de *cool*. Lo juro de rodillas. En ese momento no me di cuenta, pero después lo supe. Había perdido el miedo. Por completo.

Hilda continuó. Parecía estar muy cansada.

—Tembló por tres minutos o algo así y se cayó todo, Bruno. «La Súpeeer Tarima» se vino abajo de un solo coñazo. Me lo contó Maritza, la asistente de producción, por el celular y todavía se escuchaban los tubos cayéndose, Bruno. Ni hablarte de las cornetas, Bruno. Las luces, Bruno. Una de las torres se cayó directo en el mar y electrocutó a un gentío. Estaban nadando y esperaban ver a Los Cotorras y se hirvieron.

Se levantó de golpe y se metió en el baño. La escuché vomitar. Fui hasta allí después de un rato. Estaba hincada en el piso, sobre el excusado, toda arcadas. Mojé un toallín del hotel con agua fría y le sostuve la frente un rato.

La levanté y la llevé al lavamanos. Estuvimos remojando su cabeza unos minutos.

—Bruno —dijo, cuando su respiración se calmó—, esta experiencia ha sido muy dura para mí.

—Lo sé, Hilda, pero te has comportado como una estrella, nena.

—¿De cine?

—De cine, Hilda. Y te estoy hablando de los clásicos inolvidables. Greta Garbo, Loise Brooks.

—¿Quién es Loise Brooks, Bruno?

—Una mujer hermosísima. Tenía un encanto en la pantalla que era casi metafísico, Hilda.

—Eso me gusta, Bruno. Encanto metafísico.

Tomé otra toalla y le sequé la cabeza, como a una niña. Se levantó y salió del baño. La oí que pedía algo al servicio de habitación. Al cabo de un rato volví al cuarto y me la encontré acostada en la cama. Se veía un poco más repuesta. Había recogido el control remoto.

—Pedí otro desayuno, Bruno. Vamos a tener que aparecer dentro de poco cancelando el concierto y alguien va a tener que decírselos amablemente. Yo voy a escribir algo y seguramente tendré una reunión a la que me gustaría que asistieras, con la gente de las disqueras y los anunciantes... En fin, necesito proteínas para los próximos eventos. ¡Qué papelón! ¿Cómo le vamos a explicar a todo este gentío que se vino desde la China que ahora no hay concierto?

—¿Ni siquiera pueden arreglar la tarima y posponerlo unos días?

—Por lo que contó esta tipa y el ruido de fondo eso fue una pérdida total. Maritza me dijo que aquello parecía una película de Schwarzenegger.

Tocaron a la puerta. Un mesonero traía una bandeja con la proteína pedida por Hilda. Dejó la bandeja sobre la mesilla de noche y me miró con cara de propina. Yo le respondí con mi mejor mirada de tacaño y le gané de calle. Se fue con el rabo entre las piernas cuando Hilda encendió el televisor. Una turba enfurecida destrozaba una tienda de artículos para el hogar. Multitudes furibundas sacaban lavadoras a la calle para luego montarlas en un camión o simplemente entrarles a patadas. Me llamó la atención el hecho de que la mayoría de los saqueadores eran muchachos quinceañeros. Hilda subió el volumen. Detrás de la tambaleante toma, un periodista luchaba por articular sus palabras sin transmitir pánico extremo. Falló de largo. No había que ser un Einstein para notar la gravedad del asunto.

—No sabemos si esta situación se está repitiendo en algún otro punto de la ciudad, pero según nuestro compañero Oscar Ulpiano parece que también hay disturbios en las cercanías de la playa en la que se va, o se iba a realizar el publicitado súper concierto de la RKWW999 FM. ¡Adelante Oscar Ulpiano!

Toma a Oscar Ulpiano, sea quien sea. Apareció parado en la esquina de una azotea, de una casa de familia clase media, si es que todavía hay de eso en el mundo. La cámara estaba apuntada hacia la calle, detrás del hombro izquierdo de Ulpiano, y rebosaba de jóvenes enfurecidos. Esta vez no había nada más que una heterogénea masa de muchachos, de razas indiferentes y sexos equitativos, en una actitud que me pareció franca y perfectamente encabronada. Si algo estaba claro en aquella toma era que los muchachos allá abajo estaban hasta aquí de un montón de cosas y eso iba a quedar claro. Una patrulla de la policía estaba siendo volteada en aquellos momentos por la turba, con la eficacia y voracidad de una colonia de marabuntas. El reportero estaba muy nervioso y hablaba descontroladamente, sobre las sirenas, los gritos y las tantísimas imprecaciones.

—Luego del breve sismo sucedido hace veinte y tres minutos y de conocerse la noticia de que el súper concierto de la RKWW 999 FM se canceló por gravísimos desperfectos estructurales... —silencio, pequeño tiroteo. La cámara vibró un poco mientras Oscar Ulpiano se agachaba instintivamente para escapar de cualquier fuego cruzado—. Sí... por un momento pensamos que... podría haberse producido... algún tiroteo... Pero no, televidentes, la situación continúa caótica pero sin disparos acá, en las cercanías del mencionado concierto, en donde, decíamos, espontáneos grupos de jóvenes descontentos por la cancelación del espectáculo protestan violentamente rompiendo vallas publicitarias y abastecimientos. La participación, minutos después, de grupos policiales para sofocar estos hechos no ha sido muy exitosa y los motines y el vandalismo han escalado apresuradamente en los últimos veinte minutos. Repito, no sabemos si en otros puntos de la ciudad han empezado a suceder actos vandálicos similares pero recomendamos la...

La señal se cayó. Esta vez se fueron al estudio, donde una rubia apetitosa con aspecto de tener, eso sí, una mecanografía impecable, apareció hablando sobre los hechos anteriores un poco nerviosa. La policía lo controlaría todo, la situación sería perfectamente subsanada. No vendió la línea ni de lejos. Mi espalda se cubrió de un sudor fino y observé cómo los pies de Hilda maraqueaban asustados sobre la cama. Me volteé hacia ella y la miré a los ojos. Masticaba, oh sorpresa, no un chicle sino una rebanada de pan tostado untado con queso crema y mermelada de durazno, estimé.

–Oye, Hilda –dije con una voz como para vender un puente–, me parece que toda esta situación con el concierto y, en fin, tres o cuatro cosas que han sucedido últimamente...

–¿Incluyendo a Toño?

–Por supuesto. Te explico, todo esto me ha hecho pensar que... No sé cómo decirlo... Me ha hecho pensar que debemos largarnos de aquí cuanto antes. Todo este lugar está mal. Bien mal. Lo que intento decir es que sencillamente nos vayamos a la francesa, como si estuviésemos en una fiesta aburrida. Si seguimos en esta isla de mierda nos va a terminar devorando una de esas probabilidades caóticas y la verdad, verdad, nena, no quiero.

Hilda me miró mientras desmenuzaba la tostada. De alguna manera había entendido aquel disparate desesperado y lo estaba evaluando. Debió encontrarle sentido. Terminó con el pan y dijo.

–Eres bueno, Bruno. Y lo peor es que tienes razón.

Dejó de mirarme y contempló el televisor. La rubia seguía calmando al público. Pasaron a una toma en vivo. Múltiples palabras profanas, golpes, maldiciones y la panorámica de un grupo de cien personas embistiendo con inminencia a la cámara.

–He estado en algunos verdaderos desórdenes –continuó Hilda con una sonrisa–, pero este se los llevó a todos por el medio.

–Exacto. La cosa es que Tita tiene un *jet* y nos podemos ir en él ahora mismo, en lo que llegue, nena. Que se las arreglen los de la emisora sin nosotros. Toño es ahora un héroe y podrá cubrirlo todo.

Dejé de hablar. Hilda no me prestaba ni un centímetro de atención. Sus ojos estaban clavados en la pantalla. Allí, un reportero, en *off*, chillaba que tenía que correr, que había que irse. La turba se agrandó en el pequeño recuadro hasta concentrarse en el rostro enojado de un pelirrojo mulato enloquecido. Estuvo gritándole a las microondas durante medio segundo y se cortó la imagen. De nuevo la rubia. Contemplaba una esquina de la pantalla, indecisa, sobrecogida por los acontecimientos. Su maquillaje era un desastre y los nervios la habían despeinado.

Se volteó a la cámara. Nos miró a todos a los ojos con la expresión de perplejidad más profunda que he visto en mi vida. Estuvo así unos largos cinco segundos y cuando pareció que estaba a punto de desmayarse se cayó la imagen. Literalmente. No hubo comerciales ni otro locutor. Ni siquiera una foto con fondo musical. Hilda murmuró una grosería y la luz del baño se apagó sola. Su celular sonó una vez y se quedó callado. Entonces las luces del cuarto comenzaron a ir y venir, como si se estuviesen despidiendo. Por segunda vez, desde mi llegada a la isla, se produjo un apagón.

Esta vez Hilda no dijo nada.

30

PASARON DÉCADAS en la penumbra.

Por escasos segundos, el único pensamiento que ocupó mi mente fue el de salir corriendo a buscar el maletín y la Biblia, y largarme de allí lo más pronto posible. Logré controlarlo. Automáticamente caminé hacia las cortinas y las corrí. El cuarto se iluminó. Hilda se paró de la cama y abrió un closet. Sacó una maleta.

—Tenías toda la razón, Bruno —dijo sin observarme—. Hay que largarse de aquí.

Abrió la maleta sobre la cama y empezó a depositar ropa en ella. A través de la ventana con vista a la calle, observé, atónito, un grupo de vándalos corriendo a través de la avenida principal, aparentemente direccionados hacia una de las megatiendas de la zona. A unos cincuenta metros una patrulla policial observaba la escena. De nuevo la voz que me había ordenado largarme de allí chilló tras mis ojos. Más fuerte. Esta vez no pude ignorarla.

—Hilda, escúchame bien, nos vemos en quince minutos en el *lobby* del hotel.

Hilda levantó la cabeza y me vio a través de una maraña de cabellos sudorosos.

—Quince minutos, precioso —dijo.

Lo traduje como *ok*. Había que abandonar aquel hotel ya, si quería salir de esa isla rápidamente. No tuve que ver el episodio de allá abajo otra vez para entenderlo. Me despedí de Hilda y me encontré en mi cuarto, llenando la bolsa roja de Le Coq Sportif con el maletín misterioso, la Biblia, un par de paltós, interiores limpios y mis papeles personales. Me puse los Rayyban con dos Y mucho antes de que terminaran los quince minutos y salí, al pasillo, con el bolso al hombro y la inquebrantable convicción de llegar al aeropuerto.

Afuera empezaba a despertarse el caos. Los ascensores panorámicos estaban atascados con muchos turistas adentro. Escuché llamados de ayuda alemanes y groserías escandinavas. Enfilé hacia las escaleras. Al llegar al final del pasillo casi me da un infarto.

Toño caminaba hacia mí, vestido con un traje verde mal cosido de presentador de loterías. Caminaba apoyando directamente el pie enyesado sobre el piso y llevaba la muleta a un costado, agarrándola como una lanza. Para pasar el yeso por el pantalón había abierto la botamanga y desgarrado la tela, de modo que parecía que un perro lo había perseguido segundos antes. Estaba empapado en sudor y el maquillaje para ocultar el salpullido se corría, en desorden, sobre su rostro, como un vampiro derritiéndose al final de una película barata. Por un momento pensé que era una aparición y me asusté.

—Salimos para el concierto, ¿no? —dijo entonces.

Hasta allí duró el susto.

—Toño —dije con ingenuidad—, ¿qué demonios haces aquí?

—¡No cambies la conversación, Bruno! ¿Ibas saliendo para el concierto, no?

—¿El concierto? —dije. Me provocó apretarle el cuello— ¿El concierto? ¿Tú estás loco? ¿No oíste que el concierto se suspendió? ¡Hay gente rompiendo vainas por eso!

—No seas mentiroso, Bruno. Sé que vas para el concierto. No inventes otra de tus historias.

—No puedo creer que tenga esta conversación, Toño. ¿Se puede saber dónde has estado todo este día?, ¿en Marte? Tembló, idiota. Se fue la luz otra vez porque hubo un temblor y, de seguro, la central eléctrica debe estar ahorita en una zanja. La catástrofe, imbécil. Olvídate del concierto. Debemos ir para el aeropuerto ahora mismo, si no...

—¡NO ME JODAS, BRUNO! —chilló Toño. Sonó casi tan friqueado como en el Cabildo. La punta de su muleta hizo una finta a centímetros de mi nariz—. ¡No me jodas! He tenido un día horrible. Se jodieron los putos ascensores. Tuve que subir caminando. ¡Me duele el puto pie y tuve que corretearme a unos policías para venir a esta mierda e ir al recontrajodido concierto! ¡Me importa un rábano si los jefes me quieren dando declaraciones! Las he pasado muy duras. He recibido balazos, compañero, *balazos*, y he puesto mi vida en peligro y todo por ese evento, y voy a ir a *él*, coño. VOY A...

Le di un manotazo a la muleta. Toño se calló de golpe, tembloroso. Me acerqué a su rostro. Su aliento olía a chicle de menta y halitosis.

—Por Dios, Toño. ¿Cómo quieres que te lo diga? —le pregunté, todo dientes apretados—. No hay concierto. Se cayó la tarima. Hubo un temblor. La mitad de la isla se volvió añicos. Se acabó la fiesta, ¿entiendes? Tenemos que movernos ya o si no olvídate del Titanic.

—Mentiroso hijo de puta. No quieres que vaya, ¿no?

Me agarró el brazo como para retenerme e instintivamente lo empujé. Se volvió un ocho con el pie enyesado y cayó de trasero sobre la alfombra. En ningún momento me pasó por la cabeza ayudarlo. Solo pensaba en Barrancón e Hilda esperándome abajo. Abrí la puerta de las escaleras.

—¡No me dejes aquí, hijo de puta! —dijo Toño—. Te puedo joder. Tengo grabaciones. Arriesgué mi vida al ponerme en contacto con peligrosos malhechores, en los medios más corruptos de nuestra sociedad, para obtener esta cinta que te incrimina cometiendo actos delictivos de narcotráfico. Tú y un tal Víctor (alias) Hojilla hablando de dinero. Baby, ni la he escuchado completa porque sé que es una delicia y no quiero acabármelo todo de una sola vez. ¡No te las sabes todas, idiota! ¿Sabías de esta grabación? ¿Ah? ¿Sabías que tu amigo Víctor tenía grabaciones tuyas, Bruno?

Toño me miró con ojos inyectados de sangre y antidepresivos. Su tez amoratada rezumaba repulsión. Su copete, su recontrafamoso y jodido copete, se torció hacia atrás y asemejó, por un instante, a un pesado mojón recién depositado sobre su cabeza. Sonreía. Estiró las comisuras de sus labios hasta que se tocaron, tras su nuca. Su sonrisa fluorescente me encandiló brillando como un pedazo de vidrio en medio de un lodazal.

Volteé y comencé a bajar los escalones. Lo dejé allí, tirado en medio del pasillo.

31

EL *LOBBY* ESTABA TRANQUILO, pero ya había algunos huéspedes perspicaces que comenzaban a oler el conato de insurrección popular. Miraban por las vidrieras a las calles y discutían en reducidos grupos, cerca de los televisores apagados empotrados en las palmeras. El comportamiento de los nativos los preocupaba. A mí también. Conseguí a Hilda parada con una maleta, mientras le ponía pilas a un celular nuevo. Barrancón estaba detrás de ella, vestido con una camisa blanca, un cinturón de cuero marrón, unos pantalones de tela blanca y zapatos de dos tonos. Lucía un poco incómodo entre los turistas y fuera del Lada.

—Eso es yéndose —dijo al verme.

Salimos del hotel sin parecer muy desesperados. Afuera un grupo de admiradores de Los Cotorras escuchaban a sus ídolos, que asomados desde su balcón, gritando, instaban a la multitud a que mantuviesen la calma y volvieran a sus hogares. Los coches patrulla comenzaban a llegar y, a lo lejos, se escuchaba muy bajito el ruido de las vidrieras reventándose. Divisé una tienda de zapatos de la que salían decenas de personas con cajas amontonadas sobre sus espaldas y estrenando zapatos. Nos metimos en el Lada sin decir pío y Barrancón prendió el motor. Enrumbó hacia la principal en segundos. Yo estaba sentado a su lado y me pasó una llave de tuercas del largo de mi antebrazo.

–Si alguien mete la cabeza por la ventana y no es amigo suyo, suénelo –me dijo.

Asentí. Era un buen consejo. Esquivamos dos turbas en la zona comercial y una tercera casi nos agarra por los pelos. Unos desaforados habían destrozado una tienda de ultramarinos y nos arrojaron latas de trufas contra el parabrisas. Barrancón aceleró en una curva para alejarse y el coche patinó y se montó en la acera. Uno de los *gourmet* vandálicos saltó sobre el capó y metió la mano por la ventanilla. *Mi* ventanilla. Como no era amigo mío seguí el consejo de Barrancón. Le di en la muñeca con la llave. No se la rompí pero logré bajarlo del auto. Barrancón encendió por fin el motor ahogado y dejó una estela de Goodyear derretido mientras el desgraciado y su muñeca aporreada rodaban por la calle, entre latas despachurradas y lamentos.

–Esto se está poniendo complicado –murmuró Barrancón, más para sí mismo que para los demás.

Avanzamos hacia el final de la calle, en donde un pelotón de policías antimotines apaleaban con bastante pericia a un grupo de muchachos no muy resistentes. Barrancón comenzó a disminuir la marcha. Uno de los polizontes miró hacia un punto detrás de unos apartoteles y gritó algo que no entendí. El resto de sus compañeros también levantaron sus miradas, dejaron por un momento de causar hematomas y vieron a donde –ahora– señalaba su compañero. Este se dejó de mímicas casi al instante y salió corriendo. Sus compañeros no tardaron ni un segundo en imitarlo.

–¡Acelera, Barrancón! –apremié con las manos crispadas sobre la guantera.

El Lada aceleró como en una montaña rusa. Oí a Hilda maldiciendo al mundo y vi pasar los edificios como suspiros. Pasamos al lado de los muchachos apaleados y contemplé aquello que el policía señalaba.

Cientos de personas venían desde la otra calle cubriéndola a su paso como una llamarada nuclear. Gritaban. Bravos.

No entendí nada y, supongo que para no perder la compostura por completo, me concentré en la pericia con que nuestro chofer esquivaba unos carros abandonados y nos internaba por una calle comercial más parecida al Líbano que a Rodeo Drive. Se trató de un buen atajo a la autopista que conducía al aeropuerto. Cinco minutos después –sin más complicaciones, por fortuna– entramos a una rampa de acceso y a ciento diez y estable proseguimos nuestra huida, a falta de un mejor término. Personalmente me encontraba tenso (y no en una mala manera), un poco mareado y con ganas de seguir usando la llave de tuercas facilitada por Barrancón. Hilda no podía dejar de exclamar su incredulidad y asombro con los últimos acontecimientos. Básicamente decía que estaba contenta de estar viva y que Barrancón y yo éramos lo mejor que había desde Bruce Willis. Casi ni la oí.

–¿Cuánto falta para el aeropuerto? –pregunté, pendiente sobre todo de meterme en ese *jet* de Tita lo más rápido posible, con mi maletín misterioso y mi Biblia.

–En veinte minutos deberíamos estar allí –contestó Barrancón. No lo decía con mucha convicción.

Entonces recordé que la autopista también conducía a la playa del concierto y que, de seguro, en algún momento nos tendríamos que encontrar con los ya millares de personas que se habían embarcado en el espectáculo. Barrancón me echó un vistazo evaluatorio. Fue positivo y me dijo:

–¿Cuántos asientos tiene ese *jet* de su novia?

Yo también lo evalué. Miré a lo lejos en la autopista bordeada de casuchas y avisos turísticos. Al final, comenzaban a apelotonarse los carros y se escuchaba música de Los Cotorras, salida de los equipos de sonido de algunos autobusetes.

–Creo que tiene los suficientes –dije– como para meterte allí, si llegamos lo más cerca del aeropuerto que se pueda.

–No había pensado en eso.

–Claro que sí.

–Bueno, tal vez un poco.

Giró a la izquierda y se metió por una salida vecinal. Entramos en un conjunto residencial venido a menos. Árboles frutales sin podar y perros. Los vecinos nos contemplaron desde dentro de sus casas con desconfianza. El Lada rebotó por vías mal pavimentadas durante unos 10 minutos y después entramos en una especie de barrio, edificado al lado de un galpón de cervezas. El galpón estaba siendo saqueado en esos momentos por una sedienta multitud. Recibimos un par de botellas en el techo, pero no pasó más nada, así que continuamos por un estrecho camino de arenisca que serpenteaba entre unos manglares pardos. Al rato fue sustituida por cantidades de maleza y broza cada vez más crecida, que taparon los manglares. Por fin detuvimos la marcha. La selva cubría el camino por completo y Barrancón la señaló. Iba a decir algo cuando sonó el motor de un *jet*. Abrí la ventana, recibí una llamarada de aire caliente desde el exterior y me asomé para contemplar el cielo. Vi una estela recta e infinita perdiéndose en el firmamento. Supuse que decenas de aparatos estarían dando vueltas, incapaces de ponerse en contacto con la torre de control del Internacional. Adentro, Barrancón le explicaba a Hilda que a cinco minutos a pie se llegaba al estacionamiento de los autobusetes del aeropuerto. De allí al edificio era cosa de segundos, como mucho. A Hilda no la mató la idea, pero estaba contenta de haber sobrevivido a los botellazos de cerveza y no lo discutió.

Bajamos con nuestro equipaje excepto Barrancón, que no llevaba nada porque según sus propias palabras todo esto había sido una «decisión espontánea», tomada en el momento, en vista de las circunstancias. En todo caso tenía parientes en la capital que lo acogerían y, mientras ayudaba a cargar las maletas de Hilda, asomó la posibilidad de cambiar de ramo y convertirse en asistente, a secas. Supuse que la cosa era conmigo, pero me hice el loco y más bien opiné que mientras saliéramos de allí lo más rápido posible mejor. *La situación y tal* y los mosquitos. Devoraban mi cuello. Todos opinaron igual, gracias a los mosquitos. Antes de partir, contemplé el Lada estacionado en plena selva.

–¡Qué despelote! –dijo Hilda, como leyendo mis pensamientos.

–Y que lo diga, señorita –dijo Barrancón–. Ni cuando el 68...

–¿Qué coño pasó el 68? –pregunté suspirando.

–Jackie O visitó la isla –contestó Hilda.

–¿Qué?

–Bueno, más o menos. Estaba paseando en yate con Onassis y se bajaron aquí a comprar pescado para una cena.

–¿Y?

–Bueno, Bruno, que como te habrás dado cuenta, esto no es Mónaco, y se formó una algarabía con esa mujer que te defecas.

–Patético –opinó Barrancón–. Yo lo vi en los periódicos. Le tiraron pescados como muestra de afecto, sabe usted, para la cena. Tres le dieron en la cara a la señora Kennedy. Jureles, creo.

–Allí ya no era Kennedy, era O –dije, sonando estupidísimo–. Vámonos al aeropuerto –imploré.

Barrancón encendió un cigarrillo y empezó a caminar. Hilda lo siguió primero y después yo. Sobre nuestras cabezas los *jets* sonaban en el cielo como insectos enormes.

32

TITA SALTÓ SOBRE MÍ, con una bolsa de hamburguesas en una mano. Hebras de papas fritas volaron por los aires mientras sus labios besaban mi cuello y orejas. Casi se me cae el bolso Le Coq Sportif. Yo también la besé, pero estaba exhausto y al poco rato de estarnos besuqueando se me acabó el aliento. Extrañas imágenes me invadieron. La Biblia y el maletín misterioso, la sonrisa de Tita resplandeciendo frente a mí, el *jet* de del Sr. Ortiz, una suite con alas, grande y lujosa. El hangar. Era la primera vez en mi vida que me encontraba en uno de esos y no se parecía al de *Casablanca* para nada. Más bien tenía reminiscencias de taller mecánico o de enorme sala de espera de consultorio odontológico. Habíamos entrado por una puerta situada al fondo y, antes de acceder al área de abordaje, habíamos tenido que pasar por una oficina en donde los pilotos bebían café y revisaban cartas aeronáuticas. Hilda y Barrancón no habían dicho mucho desde hacía un rato y parecían estar cansados. No era para menos. La poca cordura que me quedaba se tambaleó finalmente al toparme de golpe con Tita, entrando con aquel doble combo en las manos a la oficina. Era un día intenso, reconocí, apretando a mi *fiancé*.

Después de saludar a Hilda y a Barrancón, Tita nos condujo al *jet*. Despegaríamos luego de esperar a unos amigos que también habían decidido irse debido a la situación y permitir que la Guardia revisara papeles y equipaje. No me asusté. Mientras subíamos las escalerillas me pareció que en el interior de aquella aeronave de seguro debía haber un rincón discreto en dónde esconder el maletín. Tita masticaba una hamburguesa con queso y minúsculas gotas de kétchup cubrían la punta de sus dedos.

—Desde que aterrizamos todo ha sido un desorden, Bruno —dijo mi amada entrando en el *jet*.

En el primer compartimiento había una mesita plegable y siete cajas de cartón bastante grandes.

—Por ejemplo —dijo apuntado con una papita a las cajas—, eso es del amigo de papá. Tortoza. Afiches para su campaña, Bruno, ¿puedes creerlo? Miles. Son horripilantes.

No pude aguantar la tentación. Abrí una caja y me encontré con la cara de Tortoza, tamaño medio pliego, con su mueca simpática y perversa reproducida con un poco de muaré.

—Los iba a llevar él mismo en su avioneta particular, pero con el temblor se cayó el techo de la pista en su hacienda. Pérdidas millonarias, Bruno. La casa de los invitados fue tragada por una zanja, según me acaba de contar mi prima, que es novia del sobrino... —mordisqueó la hamburguesa. La encontró sabrosa y comió más—. Se estaba pasando el fin de semana. Por supuesto, a su avioneta no le fue tan mal después de todo, pero se quedó sin el ala izquierda o como quiera que se llame eso. Nos pidió el favor y papá no pudo negárselo. En el fondo a papá le encanta prestar este aparato. ¿Verdad que son feos? ¿A secas?

—Tú lo has dicho, amor mío.

Salté sobre su cuello. Tita comenzó a reír y les dijo a los demás que se pusieran cómodos. Después de un rato acomodé mi bolso entre unos asientos y abrí con discreción el cierre. Hilda guardó sus maletas en unos selectos clóset construidos para ese propósito y Barrancón se limitó a sentarse cerca de la cabina del copiloto y dormirse.

—¿Quién es ese personaje, Bruno? —inquirió Tita, en voz baja y más Mercedes que nunca.

—Mi futuro asistente, creo. Aún no estoy muy seguro. Un tipo pintoresco, sin duda.

—Exuberante, diría yo, querido. En una manera extraña, eso sí. ¿De veras se vendrá con nosotros?

—Le di mi palabra.

—¿Literalmente?

—No me acuerdo.

Se metió un pulgar enchumbado en salsa en la boca. Dijo que tenía que lavarse las manos y se fue riéndose a los baños. Hilda me miraba con perspicacia, sentada al lado de una ventanilla.

—Ustedes están locos —dijo levantándose. Agarró un pequeño bolso de mano—. Yo también tengo que ir al baño.

—Tita está en él.

—Bruno, esto es un *jet*. Hay otro baño en la cola.

Pasó a mi lado y me pellizcó el hueso de la cadera.

—Esa nena te quiere poner el anillo —dijo.

Hizo mutis haciéndome la señal de «ok» con el pulgar. Mientras las damas atendían sus necesidades me encargué de mudar el maletín, del bolso rojo de Le Coq Sportif a una de las cajas de la encomienda de Tortoza. Unos trescientos afiches con la imagen reproducida del destacado político bastarían para cubrir el misterioso equipaje. Cuando Tita volvió me encontró sirviéndome un vodka tonic con hielo en un excelente minibar situado al lado de una *kitchenette*. Tita se abrazó a mi espalda y suspiró. El aliento le olía a gloria. Le pasé el trago y le dio el primer sorbo.

—¿A quiénes más le vas a dar la cola, Tita?

—Hmm... A Manuela. Sí, ella y otro tipo más. No sé si es Rolando. Vienen en camino. Tú sabes cómo es de loca

Manuela. Parece que se vino a pasar un *ménage à trois* a la isla y uno de los participantes lo ignoraba. Con todo lo que ha sucedido últimamente, pues, parece que los implicados se conocieron antes de lo esperado y la cosa no cuajó muy bien. No me lo dijo, pero que creo que uno de los tipos trabaja para su padre. ¿Te imaginas el escándalo? De cualquier manera me parece comiquísimo, Bruno. Parece que el tipo se peleó con Rolando y todo, y ella tiene que sacarlo de aquí ya. Pobrecita. Te lo digo, Bruno, existen catástrofes peores que este terremoto en el cuarto de al lado y no nos damos cuenta –se rio. Luego agarró mi mentón y lo apretó, como revisando una fruta. Me invadió una ola de amor por ella. No me preocupó que Manuela se apareciera por allí.

Fue un sentimiento fugaz. Por una de las ventanillas observé cómo a la pista llegaba una limusina negra, con manchas de huevo en el capó y uno de los retrovisores descascarado. Se estacionó frente al *jet*. Del vehículo bajaron Manuela y Víctor Hojilla. Tita les abrió la compuerta y los invitó a pasar, como si estuviésemos en su apartamento. Nos presentó a todos (Víctor dijo que su nombre era Jesús María y trabajaba para el senador Tortoza de asistente). Las mujeres se terminaron juntando, luego de pedirse chicles, delineadores y Tampax, y se contaron las respectivas anécdotas de su recorrido hasta el *jet*. Hilda hablaba de sedientos tira-piedras, Manuela recordaba cómo los tubos caían sobre la limusina y Tita narraba acerca de las pericias técnicas del piloto aterrizando con la comunicación a tierra abruptamente cortada por el apagón. Barrancón demostró sus impecables habilidades sociales al introducirse en la conversación sin ningún problema e inclusive pellizcar entre gorgojeos a Hilda. Aquello me pareció un capítulo de final de temporada para alguna miniserie gringa y me junté con Víctor en el minibar, ayudándolo a preparar algunos tragos.

–Creo que te diste cuenta de que hubo un cambio de planes –me susurró.

Descorché una botellita de amargo de Angostura.

–Claro que me di cuenta –dije– ¿Se puede saber qué haces aquí?

–Las complicaciones de siempre, pero no te preocupes. La cinta fue un éxito, Bruno. A Manuela casi le dio un infarto. Es decir, aparece ella haciéndolo con un desconocido, un tipo que no sabemos quién es. La voz es misteriosa, súper misteriosa. Es el mejor truco que he visto, nene, lo juro. De corazón. Algún día *tienes* que decirme cómo hiciste para que no se oyera como tú, bandido. Lo recuerdo y se me paran los pelos.

–Es un don.

–Qué modesto.

–¿Qué pasó con la cinta?

–La tiene Toño. El muy estúpido cree que nos tiene a ti y a mí hablando porquerías en un hotel. Parece que se la quitó a Manuela anoche pero ni siquiera la ha escuchado. Al final no me preocupa mucho. A estas horas ese tipo tendría que estar muerto. Nadie tan estúpido puede seguir vivo tanto tiempo. Se le debe olvidar hasta cómo se respira –gruñó–. Aunque uno nunca sabe. Escuché a Manuela decir que lo del tipo era casi... ¿cómo fue que dijo? Eso, una habilidad para el desastre –sonrió y echó ron y jugo de naranja en su vaso–. Me pregunto qué habrá sido de su vida.

Me serví un vodka tonic, pensativo.

–No tengo la menor idea –dije, casi sin mentir.

33

CUANDO los oficiales aduanales llegaron una media hora después, ya habíamos arribado a la segunda ronda de tragos y no dudamos en invitar a los oficiales un coctel. Los muchachos uniformados declinaron cortésmente y el sujeto de traje y corbata al mando dijo «un güisqui, si me hace usted la bondad». Revisaron muy a la ligera los compartimientos y el equipaje. Tortoza había pulsado teclas para que el vuelo saliese lo más pronto posible, los afiches se necesitaban con urgencia. Solo uno de los uniformados revisó una caja, nomás por aparentar, y apenas divisó la sonrisa de escualo de Tortoza cerró de nuevo la tapa, con apremio. Me congratulé por mi escogencia del escondite. Mostramos rápidamente nuestras cédulas y Víctor enseñó una con su foto y el nombre Jesús María, acompañado por un carnet de miembro del partido de Tortoza. Eso me impresionó.

Después de pasar el güisqui que quedaba a un vaso de plástico, el tipo de aduanas nos felicitó por dejarlos ejecutar su labor tan amablemente y nos invitó a que regresáramos otra vez a su encantadora isla. Se fue haciendo tintinear los cubos de hielo en su bebida, llevándose a los otros oficiales. De inmediato subieron los pilotos y, momentos después, las turbinas estaban ronroneando. Extenuados por los acontecimientos del día y sedados por las bebidas, ocupamos nuestros sitios en el compartimiento de la lujosa aeronave. Barrancón estaba muy emocionado al lado de una ventanilla.

—¡Es la primera vez que me monto en una vaina de estas! —susurró feliz.

El capitán habló por los altavoces y nos indicó que nos pusiéramos los cinturones. La nave comenzó a moverse y salió del hangar. Luego se movió por el medio de la pista. Al parecer habían restituido las comunicaciones con la torre de control, abastecida por una planta eléctrica a gasoil de emergencia. Después de algunos minutos recibimos la aprobación para despegar.

Nos elevamos sobre el asfalto caliente de la pista. Volamos sobre las casas de las barriadas, los manglares pardos y una sinuosa vía. Pasamos sobre los millares de policías extenuados, fans arrepentidos y grupos golpeados. Pasamos por sobre la ciudad. Imaginé nuestra silueta recortándose contra los vidrios rotos de alguna tienda. Nos elevamos sobre montañas y selvas, y salimos al mar. Tita apretó mi brazo. Me pareció que no dejábamos de subir.

—Bruno —me dijo—, estás muy callado desde hace un rato. ¿Te encuentras bien, amor mío?

Pensé en el medio millón. En el maletín misterioso.

—Todo está bien —dije habiendo reflexionado en ello—. Todo está perfectamente bien...

No mentí. Incluso me sorprendió a mí mismo aquella repentina verdad. Tita se rio mientras nuestros dientes chocaban. La besé con fuerza. Todo estaba bien, todo estaría mejor.

Por el rabillo del ojo miré por última vez la isla y me pareció que, en efecto, se estaba hundiendo. No le presté atención. Seguí besando.

.CERO ESTA EDICIÓN DE *ROCANROL*
FUE IMPRESA POR CREATESPACE
PARA SU COMERCIALIZACIÓN
EXCLUSIVA A TRAVÉS DE AMAZON